VOZES DA PSICANÁLISE

Blucher

VOZES DA PSICANÁLISE

Clínica, teoria e pluralismo

Organizador

David B. Florsheim

VOLUME I

1900-1942

Vozes da psicanálise: clínica, teoria e pluralismo

Publisher Edgard Blücher
Editor Eduardo Blücher
Coordenação editorial Jonatas Eliakim
Diagramação Taís do Lago
Produção editorial Kedma Marques
Preparação de texto Samira Panini
Revisão Bárbara Waida
Capa Cristiano Gonçalo

Blucher

Rua Pedroso Alvarenga, 1245, 4° andar
04531-934 – São Paulo – SP – Brasil
Tel.: 55 11 3078-5366
contato@blucher.com.br
www.blucher.com.br

Segundo o Novo Acordo Ortográfico, conforme 5. ed. do *Vocabulário Ortográfico da Língua Portuguesa*, Academia Brasileira de Letras, março de 2009.

Dados Internacionais de Catalogação
na Publicação (CIP)
Angélica Ilacqua CRB-8/7057

Vozes da psicanálise: clínica, teoria e pluralismo: volume 1 de 1900-1942 / organizador David B. Florsheim. – São Paulo : Blucher, 2022.

312 p.

Bibliografia
ISBN 978-65-5506-388-2 (impresso)
ISBN 978-65-5506-389-9 (eletrônico)

1. Psicanálise I. Florsheim, David B.

22-5350 CDD 150.195

Índice para catálogo sistemático:
1. Psicanálise

Mas lembremos também que a vida é apenas uma ponte – e ainda por cima estreita. Ela é instável e quando há uma tempestade ela oscila muito. Em momentos difíceis nós queremos que ela seja mais do que uma ponte; tentaremos fingir que ela é chão firme. Poderemos até, para amenizar nossos temores, tentar construir uma habitação permanente sobre ela . . .

Nenhuma teoria, não importa quão elaborada, atraente, complexa ou brilhante possa parecer, não importa quão bem ancorada no passado e no futuro ela esteja, será capaz, em última instância, de transformar a ponte em chão firme. Nenhuma teoria pode ser uma habitação permanente . . .

Philip Cushman (1995, p. 330)
[1945-2022]

Conteúdo

Introdução 13

SIGMUND FREUD (1856-1939)

1. O inconsciente 23
Caio Padovan

2. Fort-dá, o jogo da criança 29
Adela Judith Stoppel de Gueller

3. Contribuições de Freud ao conceito de psicose e à função do delírio 35
Ana Lúcia Mandelli de Marsillac

4. O sentimento do estranho 41
André De Martini

5. Transferência: motor e obstáculo 47
Lucas Simões Sessa

6. Desamparo: uma condição humana 53
Maíra Humberto Peixeiro
Natália Alves Barbieri
Ruth Gelehrter da Costa Lopes

7. Construções na análise: ampliações clínicas 59
Martina Dall'Igna de Oliveira

8. Pulsão de morte: sobre a destrutividade psíquica 65
Mônica Medeiros Kother Macedo
Eurema Gallo de Moraes

9. Sobredeterminação (*Überdeterminierung*) 71
Paulo José Carvalho da Silva

10. Para-excitações: um sistema de proteção especializado 77
Thiago Pereira Majolo

11. O conceito de repetição em Freud 83
Marianna Tamborindeguy de Oliveira

12. Três modelos do trauma 87
Marianna Tamborindeguy de Oliveira

13. Mal-estar na cultura 93
Lucianne Sant'Anna de Menezes

LOU ANDREAS-SALOMÉ (1861-1937)

14. O erotismo 101
Paula Regina Peron

VICTOR TAUSK (1879-1919)

15. Aparelho de influenciar 109
Claudia Henschel de Lima

KARL ABRAHAM (1877-1925)

16. Teoria psicanalítica da libido 117
Davi Berciano Flores

SÁNDOR FERENCZI (1873-1933)

17. Os ecos do silêncio na identificação com o agressor 125
Cassandra Pereira França

18. A empatia e a elasticidade: entre a técnica e a ética 129
Débora Gaino Albiero

19. Função vitalizante do analista 135
Débora Gaino Albiero

20. Sonhos traumáticos 141
Jô Gondar

21. Desmentido: uma inovação conceitual de Sándor Ferenczi 147
Mônica Medeiros Kother Macedo

22. Autenticidade e hipocrisia no trabalho clínico do psicanalista 153
Wilson de Albuquerque Cavalcanti Franco

OTTO RANK (1884-1939)

23. O duplo na clínica 161
André De Martini

24. O mito do nascimento do herói: desejo e culpa 167
Viviana Carola Velasco Martinez

25. O trauma do nascimento: a origem do sofrimento humano 173
Viviana Carola Velasco Martinez

WILHELM STEKEL (1868-1940)

26. Os estados nervosos de angústia 181
Caio Padovan

27. "O sonho é um microcosmo no qual todo o macrocosmo mental está espelhado" 187

Marina Bialer

MARGARETE HILFERDING (1871-1942)

28. Metapsicologia do amor materno 195

Thaís Becker de Campos

Monah Winograd

SABINA SPIELREIN (1885-1942)

29. Pulsão de morte (pulsão de conservação da espécie) 201

Camila Terra da Rosa

SIEGFRIED BERNFELD (1892-1953)

30. Considerações sobre o lugar social e sua influência no tratamento analítico 207

Marcus Vinicius Neto Silva

MAX EITINGON (1881-1943)

31. Origens do modelo tripartido de formação em psicanálise 215

David Borges Florsheim

PAUL FEDERN (1871-1950)

32. As fronteiras do eu e o ganho de realidade na psicose 223

Maria Teresa de Melo Carvalho

GEORG GRODDECK (1866-1934)

33. O isso: sujeito indeterminado 231

Ana Gebrim

RUTH MACK BRUNSWICK (1897-1946)

34. Conflitiva pré-edípica nas meninas 239
Camila Terra da Rosa

OTTO FENICHEL (1897-1946)

35. Teoria da técnica e análise das resistências 247
José Henrique Parra Palumbo

ERNEST JONES (1879-1958)

36. Racionalização: explicações no divã 255
Izabel de Madureira Marques

WILHELM REICH (1897-1957)

37. Caráter e resistência 263
Antonio Dégas Mendes Junior

38. Ideologia: uma força material 269
Maria Lucia Macari

MARIE BONAPARTE (1882-1962)

39. Complexo de perfuração 277
Sarug Dagir Ribeiro

40. *Quantum* (plural: *quanta*) psíquico(s) 283
Sarug Dagir Ribeiro

MARIE BONAPARTE (1882-1962)
E RUDOLPH LOEWENSTEIN (1898-1976)

41. Falo passivo 291
Sarug Dagir Ribeiro

JEANNE LAMPL-DE GROOT (1895-1987)

42. Édipo ativo das mulheres 299
Camila Terra da Rosa

Sobre os autores 305

Introdução

Tudo o que pode haver no reconhecimento da alteridade do outro para a conversação é o reconhecimento de que o outro tem algo a nos ensinar sobre o assunto, nada mais e nada menos. A rejeição da diferença radical nos mostra que uma comunidade de diálogo é sempre possível. O reconhecimento da finitude mostra que uma comunidade de diálogo é sempre necessária.

David Vessey (2016, pp. 419/420)

Não ouvir vozes é, infelizmente, um sintoma comum na humanidade. Esse sintoma demanda um grande consumo de energia psíquica para se manter, pois as vozes de fato existem e estão sempre à espreita. No entanto, como os psicanalistas bem sabem, costumam existir benefícios no sintoma. Não ouvir vozes diminui a possibilidade de a alteridade nos perturbar e, como consequência disso, nos mantemos mais seguros a respeito de nossas concepções de mundo e de ser humano.

É comum, portanto, a interação com as vozes a partir de uma audição seletiva ou até mesmo de uma negação psicótica delas. Contudo, de acordo com o principal autor da hermenêutica filosófica, Hans-Georg Gadamer, existem ao menos outras três possibilidades de interação com a alteridade existente nas vozes (Vessey, 2016). A primeira delas é ouvir a voz do outro enquadrando-a como um dado ou uma fonte de informação a respeito do que alguém pensa sobre determinado assunto. Nesse caso, até se reconhece a voz alheia e a alteridade contida nela, mas não há interesse em um verdadeiro engajamento. Não há diálogo. Este livro pode ser lido a partir dessa forma de interação e então alguém vai considerar, por exemplo, que "Eitingon pensava tal coisa a respeito da formação de psicanalistas. Tudo bem, bom para ele". Ou talvez: "Ferenczi entendia a empatia dessa maneira. Certo, agora eu sei disso e posso reproduzir essa informação". Essa forma de ler nos mantêm impermeáveis ao diferente, pois o contato com novas ideias não nos afeta num nível mais profundo e transformador.

A segunda maneira de interagir com a voz do outro é enquadrando-a como um exemplo de um ponto de vista mais amplo ou como uma amostra daquilo que um grupo específico pensa. Também é possível ler o presente livro assim, como nos exemplos: "essa é uma ideia típica dos reichianos" ou "tal autora afirma isso porque ela é da escola inglesa". Numa interação assim, fixa-se o diferente em categorias pré-fabricadas, supõe-se conhecê-lo melhor do que ele próprio e, além disso, não existe o desejo de alterar nosso entendimento inicial a respeito de determinado assunto. A voz do outro, dessa maneira, é enquadrada em algum saber discriminatório familiar que, por sua vez, confere segurança a respeito de nossas próprias concepções.

Por fim, a terceira maneira de interagir com a alteridade, segundo Gadamer, é estarmos efetivamente abertos a ela, partindo da premissa de a concepção alternativa também ser verdadeira. Assim, o outro é reconhecido não apenas por possuir alguma opinião sobre determinado assunto, como no primeiro caso, nem por ser um representante de uma perspectiva mais ampla, como no segundo caso. Trata-se de reconhecer o outro como tendo uma voz com a qual é possível repensar nossas próprias concepções de mundo e de ser humano. Para Gadamer, apenas dessa maneira um diálogo autêntico aconteceria, sendo esse definido como uma atividade colaborativa na qual almeja-se chegar a uma compreensão compartilhada e articulada a respeito de determinado assunto (*die Sache*). Esse assunto é o que direcionaria o diálogo e, a partir disso, os preconceitos existentes em cada interlocutor poderiam ser transformados.

Atribuir valor ao diálogo envolve considerar as teorias utilizadas por nós não como espelhos da realidade, mas apenas como interpretações possíveis dentre muitas outras existentes. Nossos entendimentos a respeito do inconsciente, da subjetividade, da sexualidade e da pulsão, por exemplo, são apenas alguns dentre os muitos entendimentos válidos e possíveis a respeito desses assuntos. A própria suposição da existência disso tudo é também apenas uma interpretação possível da subjetividade humana. Considerar o conhecimento dessa maneira é fundamental para haver um real interesse em dialogar com a alteridade, ao contrário de, por exemplo, tolerar o diferente mantendo um senso de superioridade com relação às próprias crenças.

Não se pretende criar um manual de instruções para a leitura desse livro, mas deve estar evidente qual atitude nos parece ser a mais proveitosa para lidar com essas próximas páginas repletas de vozes distintas. Uma ressalva deve ser feita: abrir-se ao diferente por meio do diálogo não significa concordar com tudo vindo do outro. A concordância absoluta com um texto costuma ser um indício de subserviência a um autor ou linha de pensamento. A questão central, portanto, não é concordar/discordar ou gostar/desgostar das vozes, mas sobretudo ter uma sensibilidade para de fato ouvi-las e poder engajar em um diálogo com a alteridade contida nelas.

As considerações citadas visam justificar o objetivo da Coleção Vozes da Psicanálise: apresentar, por meio de textos curtos, claros e, portanto, acessíveis, diversos conceitos e ideias de variados autores para estimular o interesse do leitor para novas compreensões clínicas. Parte-se aqui da premissa de que "a essência da sabedoria da psicanálise não está neste ou naquele autor; está entre eles" (Zimerman, 2004, p. 31). Dessa maneira, considera-se o diálogo com diferentes modos de compreensão como algo enriquecedor para a formação e para a prática clínica psicanalíticas.

Os quatro volumes dessa Coleção propositalmente não apresentam um rigoroso aprofundamento conceitual e epistemológico dos conceitos. A Coleção foi pensada considerando sobretudo o interesse clínico das ideias e, por isso, não utiliza uma abordagem acadêmica convencional. Se após o término do capítulo o leitor quiser conhecer mais profundamente a ideia apresentada e/ou o próprio psicanalista que a criou, então o objetivo da Coleção foi cumprido, pois o interesse em novas vozes terá sido despertado. As sugestões de leitura presentes ao fim de cada capítulo visam indicar caminhos para um diálogo posterior com os textos originais de cada autor (que são indispensáveis para quem busca um aprofundamento).

O pluralismo – termo presente no subtítulo deste livro – pode ser definido de forma simplificada como o reconhecimento da diversidade e, portanto, trata-se de uma posição política de valorização do diferente. O pluralismo pode ainda ser definido como "a doutrina segundo a qual qualquer questão substancial admite uma variedade de respostas plausíveis, ainda que mutuamente conflitantes" (Rescher, 2005, p. 79). A subjetividade é uma dessas questões substanciais que possibilitam muitas interpretações a seu respeito (vide a diversidade de concepções existente no interior da própria psicanálise). O pluralismo demanda uma boa relação com o nosso narcisismo, pois nossas interpretações podem ser válidas, empíricas, coerentes, úteis e sofisticadas, mas existem concepções muito diferentes das nossas que também o são.

É frequente ouvirmos a defesa e a exaltação da diversidade, porém, simultaneamente, o pluralismo é questionado de diversas maneiras. Os dogmáticos, ou seja, aqueles para os quais haveria apenas uma interpretação correta a respeito de determinado tema (a deles próprios, evidentemente), atacam o pluralismo confundindo-o com o ecletismo. Esse último "pode ser definido pelo uso de conceitos fora dos seus respectivos esquemas conceituais e sistemas teóricos, alterando os seus significados" (Oliveira Filho, 1995, p. 263). Como se percebe, pluralismo e ecletismo são posições muito diferentes, pois reconhecer a diversidade não implica misturar as concepções desconsiderando as suas diferenças (éticas, culturais, epistemológicas, metodológicas etc.). A perpetuação dessa confusão costuma acontecer por parte daqueles que se sentem ameaçados com as múltiplas possibilidades de ser e de fazer as coisas. Ser pluralista é ser democrático e antidogmático, pois é sustentar a possibilidade de mais de uma resposta válida para questões, como o que é melhor para o bem comum, o que é ser um homem ou uma mulher e como a subjetividade é estruturada, por exemplo.

Essas Vozes da Psicanálise não são apresentadas de forma eclética, mas plural. Mas não tão plural assim, uma crítica previsível apontaria, pois dezenas de autores e milhares de ideias e conceitos psicanalíticos importantes não estão presentes aqui. Então faltam autores, ideias e conceitos e esta Coleção é incompleta? Na verdade, não. Explico: o leitor deve concordar que seria ingênuo acreditar que os quatro volumes da Coleção pudessem dar conta da totalidade de mais de 120 anos de desenvolvimento clínico e teórico da psicanálise. Assim, não existe aqui a intenção de contemplar toda a diversidade conceitual da psicanálise e, portanto, a Coleção é incompleta apenas se tivermos essa expectativa ingênua de completude. Este não é um projeto megalomaníaco e pretensioso, mas apenas um recorte arbitrário que almeja promover o diálogo e valorizar a diversidade.

A busca pela diversidade na Coleção foi centrada mais em autores e menos em conceitos. Procurou-se incluir o maior número possível de psicanalistas com renome mundial, no entanto, qualquer conhecedor da psicanálise saberá enumerar autores ausentes, pois, felizmente, existem muitos autores do presente e do passado dignos de importância. Alguns leitores também poderão sentir falta de capítulos a respeito das ideias e dos conceitos psicanalíticos mais conhecidos, mas buscou-se equilibrar a presença destes últimos com ideias e conceitos menos conhecidos também (seguindo o objetivo da Coleção de promover o diálogo com diferentes vozes). É importante ressaltar que não foram incluídos autores de outras áreas do conhecimento que não a psicanálise, por mais que eles tenham contribuições teóricas valiosas para a área.

O critério para a divisão dos quatro volumes também pode gerar um estranhamento no leitor e por isso merece ser explicado. A classificação[1] em períodos históricos foi feita estabelecendo uma data média das principais publicações dos autores. Freud, por exemplo, inicia suas publicações psicanalíticas oficialmente com *A interpretação dos sonhos* (1900) e sua última grande obra é *Moisés e o monoteísmo* (1939). Desse modo, a média aproximada para esse autor é o ano de 1919 e, por isso, ele está no Volume 1 da Coleção

[1] Arbitrária, como sempre são as classificações.

(1900-1942). Assim foi feito com os demais nomes da psicanálise contidos aqui.

Foi solicitado aos autores dos capítulos que elaborassem um texto a respeito de apenas um conceito/ideia e que respeitassem três critérios principais: 1. a clareza deveria ser priorizada (considerando o leitor leigo); 2. era necessário apresentar uma articulação clínica; e 3. havia um limite máximo de 7.800 caracteres com espaço. Sou extremamente grato aos participantes da Coleção por aceitarem o desafio de escrever sob essas condições desafiadoras e tenho muito orgulho em apresentar os excelentes textos contidos neste e nos demais livros: Volume 2 - 1943-1966; Volume 3 - 1967-1990 e Volume 4 - 1991-Atualidade. Por fim, encerro desejando que você, leitor, escute, reflita e dialogue criticamente com o maior número possível de vozes que puder. Isso pode causar conflitos internos transitórios, mas aumentar nossa própria disposição à alteridade e certamente melhorar nossa sensibilidade clínica.

David B. Florsheim
Organizador

Referências e indicações de leitura

Bernstein, R. J. (2010). The specter haunting multiculturalism. *Philosophy & Social Criticism*, *36*(3-4), 381-394.

Cushman, P. (1995). *Constructing the self, constructing America: a cultural history of psychotherapy.* USA: da Capo Press.

Geertz, C. (2001). *Nova luz sobre a antropologia.* Rio de Janeiro: Zahar.

Oliveira Filho, J. J. de (1995). Patologia e regras metodológicas. *Estudos Avançados*, 9(23), 262-268.

Rescher, N. (2005). *Pluralism: against the demand for consensus*. New York: Oxford University Press.

Vessey, D. (2016). Dialogue, goodwill and community. In N. Keane & C. Lawn (Eds.), *The blackwell companion to hermeneutics*. Chichester: John Wiley & Sons.

Zimerman, D. E. (2004). *Manual de técnica psicanalítica: uma re-visão*. Porto Alegre: Artmed.

SIGMUND FREUD (1856-1939)

1. O inconsciente

Caio Padovan

Apesar da presença precoce da noção de inconsciente em textos considerados pré-psicanalíticos, a primeira menção explícita ao conceito em questão se encontra na obra *Estudos sobre a histeria*, publicada por Freud em 1895, em parceria com Josef Breuer.

Já em seu primeiro capítulo, na descrição do caso "Anna O.", Breuer diz ser possível demonstrar clinicamente que os sintomas histéricos da paciente encontram no "inconsciente" (*Unbewusste*) o seu verdadeiro "estímulo" (*Reiz*).[1] No terceiro capítulo dessa mesma obra, também de autoria de Breuer, na seção "Representações inconscientes e não passíveis de consciência – cisão da psique", o conceito de inconsciente é pela primeira vez discutido em termos teóricos. Na ocasião, o autor defendeu a ideia de que a produção de sintomas histéricos implica a participação de representações inconscientes, representações que permanecem ativas mesmo após terem sido afastadas da consciência por meio de um processo de "cisão

---

1 *"Jede Abendhypnose lieferte den Beweis, dass die Kranke völlig klar, geordnet, und in ihrem Empfinden und Wollen normal war, wenn kein Product des zweiten Zustandes, im Unbewussten, als Reiz wirkte...*" (p. 36).

da psique". Uma primeira aplicação técnica desses princípios pode ser encontrada no quarto e último capítulo dos *Estudos*, assinado por Freud e intitulado "Sobre a psicoterapia da histeria".

No ano seguinte, em 1896, no artigo *Novas considerações sobre as neuropsicoses de defesa*, Freud aplica essas mesmas hipóteses teóricas a outras afecções psicopatológicas, neste caso, às obsessões, às fobias e a um caso de paranoia crônica. Lembramos ainda que, durante esse mesmo período, numerosos comentários sobre a noção de inconsciente são feitos por Freud em cartas enviadas a seu colega Wilhelm Fliess. Em correspondência datada de 6 de dezembro de 1896, por exemplo, o futuro psicanalista esboça um primeiro modelo de aparelho psíquico, cujo funcionamento dependerá da articulação entre diferentes sistemas psíquicos: perceptivo, inconsciente, pré--consciente e consciente. Tal modelo será desenvolvido e discutido em detalhe no sétimo capítulo da obra *A interpretação dos sonhos* (1900).

Uma primeira grande síntese da concepção freudiana de inconsciente se encontra em um artigo inicialmente publicado em 1912, com o título: *Alguns comentários sobre o conceito de inconsciente na psicanálise*. Nesse trabalho, Freud estabelecerá uma distinção fundamental entre inconsciente "descritivo" e inconsciente "dinâmico", apontando, por fim, para a existência de um inconsciente "sistemático". Este último será desenvolvido de maneira aprofundada três anos mais tarde, em 1915, no artigo *O inconsciente*. Uma revisão parcial da teoria do inconsciente será ainda feita por Freud em 1923, no célebre artigo *O eu e o id*.

Quando falamos em inconsciente descritivo, nos referimos à presença ou à ausência, dentro do campo da consciência, de um elemento psíquico de natureza sensorial. O termo técnico empregado por Freud para designar esse elemento psíquico é *Vorstellung*, em geral traduzido para o português por "ideia" ou "representação".

Do ponto de vista clínico, esse elemento poderá corresponder, por exemplo, a um conteúdo visual ou acústico que, por diferentes razões, se encontra momentaneamente inacessível à consciência, como o esquecimento de um rosto ou de um nome próprio. Não podemos nesse caso confundir representações com afetos ou emoções. Segundo Freud, não existem afetos ou emoções inconscientes, mas apenas ideias ou representações que poderão, eventualmente, estar associadas a um ou mais elementos afetivos. De um ponto de vista metapsicológico, um afeto poderá, por exemplo, se expressar de maneira consciente e qualitativa, como uma emoção de amor ou ódio, ou então se exprimir de maneira puramente quantitativa enquanto intensidade pulsional.

Ao longo de uma análise, é comum se deparar com situações desse tipo, quando um paciente se emociona ao evocar certas lembranças ou se angustia face a exigências pulsionais não satisfeitas.

Dentre os elementos psíquicos inconscientes de natureza sensorial, Freud distingue aqueles que, em condições normais, podem se tornar conscientes daqueles que, contrariamente, não podem aceder à consciência. Os primeiros ocuparão um espaço psíquico que ele denomina "pré-consciente", uma espécie de antessala da consciência capaz de acolher memórias ou lembranças potencialmente conscientes. Os segundos ocuparão um espaço psíquico diferente, que receberá o nome de "inconsciente" e será considerado por Freud uma zona apartada do pré-consciente, separada deste por uma barreira que impede o acesso de certas representações à consciência. Por implicar o deslocamento de uma instância psíquica acessível à consciência para outra inacessível à consciência, esse inconsciente receberá o nome de inconsciente dinâmico. O termo técnico utilizado por Freud para designar esse movimento de deslocamento de uma instância a outra será *Verdrängung*, substantivo alemão traduzido para o português por "recalque" ou "repressão".

De um ponto de vista clínico, ideias ou representações serão recalcadas ou reprimidas quando associadas a afetos muito intensos ou a emoções demasiado aflitivas. A imagem visual de um rosto ou a imagem acústica de um nome próprio poderá, por exemplo, ser afastada da consciência quando associada a um evento traumático. O termo empregado por Freud para designar a força que impede o acesso ao inconsciente por intermédio do pré-consciente é *Widerstand*, normalmente traduzido por "resistência". O esquecimento e a racionalização são formas frequentes de resistência observadas na clínica.

Quando um paciente muda de maneira repentina o rumo de suas associações, temos boas razões para supor que as representações omitidas foram recalcadas, permanecendo afastadas da consciência pela força da resistência. Para fins de defesa, o paciente tentará por vezes justificar a impertinência dos assuntos tratados, tamanho o incômodo envolvido.

Após circunscrever esse novo espaço psíquico, o inconsciente – instância que abrigará representações recalcadas –, Freud vai finalmente introduzir a ideia de inconsciente sistemático. Segundo o psicanalista, o sistema inconsciente deverá se distinguir do chamado sistema pré-consciente/consciente em função de algumas características especiais. Dentre essas características, podemos destacar a indistinção entre realidade e fantasia, o não reconhecimento da "negação" enquanto operador lógico e a indiferença à temporalidade cronológica. Assim, enquanto sistema psíquico independente, entende-se que o inconsciente não se reduz a seu aspecto descritivo, isto é, a um conjunto de representações não conscientes, nem a seu aspecto dinâmico, quer dizer, a um reservatório de representações recalcadas.

Cabe ainda lembrar que, para Freud, o inconsciente será também habitado por um conjunto de representações muito particulares, as ditas fantasias originárias, supostamente herdadas filogeneticamente. Para além disso, como o psicanalista passará a defender a partir dos anos 1920 o inconsciente em sentido estendido, pensado para além da esfera psíquica, também deverá incluir as tendências biológicas representadas pelo id, contemplando assim as ditas pulsões de morte, bem como as chamadas pulsões sexuais e de autoconservação. Da mesma forma, no interior do psiquismo, o inconsciente deverá integrar uma boa parte das interdições da cultura, representadas aqui pelo supereu e responsáveis pela ação do recalque. Por fim, o inconsciente freudiano abarcará ainda uma importante porção do eu que se encontra inacessível ao pensamento consciente.

Referências e indicações de leitura

Breuer, J., & Freud, S. (1895). *Studien über Hysterie*. Leipzig und Wien: Franz Deuticke.

Freud, S. (1915/2006). O inconsciente. In S. Freud, *Obras Psicológicas de Sigmund Freud* (Escritos sobre a psicologia do inconsciente, Vol. II, pp. 13-74). Rio de Janeiro: Imago.

Freud, S. (1923/2011). O eu e o id. In S. Freud, *Obras Completas* (Vol. XVI). São Paulo: Companhia das Letras

2. Fort-dá, o jogo da criança

Adela Judith Stoppel de Gueller

Em *Além do princípio do prazer* (Freud, 1920/1996) – texto fundamental da psicanálise, teórico e especulativo, mas que responde às questões mais instigantes da clínica psicanalítica –, encontramos a formulação mais detalhada de Sigmund Freud sobre o brincar da criança. Qual é o fio que alinhava assuntos tão diversos como o trauma, os sonhos repetitivos das neuroses de guerra, a compulsão à repetição e a brincadeira infantil?

Ernst, 18 meses, neto de Freud, é uma criança obediente: não toca em objetos proibidos, não entra em certos lugares da casa, não incomoda os pais à noite e não chora quando sua mãe, Sofia, sai para trabalhar. Mas algo inquieta os adultos. Insistente e repetitivamente, ele joga objetos para longe até vê-los desaparecer, e os adultos têm de buscá-los e devolvê-los.

Sofia, Hermine Hug-Hellmuth (a primeira psicanalista de crianças) e Sigmund o observavam. A mãe já lhe havia pedido que não jogasse coisas embaixo da cama, mas o menino continuava. Teria alguma dificuldade para aprender a usar brinquedos? Não entendia o que lhe diziam? Por que essa insistência em fazer sumirem objetos?

Refletiram e concluíram que não se tratava de um problema: era apenas um jogo – operação fundamental da subjetividade infantil.

Freud usa o termo *Spiele* para designar o que podemos traduzir tanto por *jogo* como por *brincadeira*. E, como no inglês (*to play*) e no francês (*juer la scène*), o verbo *spielen* também significa *representar* (como no teatro). Por isso ele diz que a encenação lúdica se aproxima da encenação teatral, e, pelo mesmo motivo que vamos ao teatro assistir a uma tragédia, a criança pode representar situações que lhe causaram dor, fruindo em troca um prazer estético.

Pouco tempo depois surgiu uma segunda parte que completava o jogo: puxando a cordinha, Ernest fazia reaparecer o carretel. Às vezes ele encenava só o primeiro ato, outras vezes, o jogo completo, mas comparando as duas situações seu maior prazer era quando o carretel reaparecia. O menino podia agora brincar sozinho, sem depender dos adultos. Ganhara autonomia ou, como disse Winnicott (1958/1998), dera um passo importante para poder ficar a sós.

Para decidir qual era o sentido do jogo, Freud usou o mesmo método com que interpretava os sintomas e a transferência, os sonhos, os chistes e os *lapsus linguae*: prestou atenção ao que se repetia. Esses fenômenos que a ciência do fim do século XIX excluíra do campo da razão e situara como disfuncionais ou como erros ocasionais, Freud os recuperou e lhes encontrou uma racionalidade, uma lógica, um sentido.

Assim como nos sonhos as imagens não representam o que se vê, Freud conclui que no brincar os objetos não valem por si mesmos: uma panela pode ser um chapéu, uma folha pode ser um avião, uma bolacha, um telefone. Por isso, assim como os sonhos, o brincar precisa de interpretação e condensa o essencial da função de simbolização. O jogo também implicava um grande progresso cultural: em vez de chorar quando a mãe ia embora, a criança tinha aprendido ou criado um jogo que representava seu desaparecimento e seu regresso. A criança estava em posição ativa, era o sujeito agente que decidia os destinos da representação de sua mãe. Brincar lhe permitia abandonar a posição passiva, de objeto, e se dar uma indenização mandando embora e fazendo retornar o brinquedo substituto simbólico da mãe tantas vezes quanto desejasse.

Freud percebeu também que, quando o menino jogava o carretel para dentro do berço e o perdia de vista, dizia "o-o-o", e, quando puxava o fio e o fazia aparecer, dizia "a-a-a-a". Interpretou então que "a-a-a-a" significava *dá* (aqui está) e "o-o-o", *fort* (fora, longe, lá), ou seja, supôs que esses fonemas tinham um sentido. A expressão *bedeutung volle Laute*, fonemas carregados de significação, indicava que, mesmo antes de ser um falante pleno, a criança já podia construir oposições simbólicas dando evidências de sua inserção na linguagem. Em nota de rodapé, Freud assinala que Ernst brincava também de fazer desaparecer sua imagem no espelho. Agachava até que sua imagem sumisse de seus olhos e, quando a mãe voltava depois de horas fora de casa, dizia "neném-o-o-o" (*fort*).[1] Ele também era, pois, parte de seu jogo; o eu era um objeto a mais com que brincava. Identificado com sua mãe, Ernst desaparecia e a fazia regressar fazendo-se regressar a si.

Freud relata ainda que, aos dois anos e meio, Ernst brincava de jogar no chão um brinquedo do qual enjoara e lhe dizia: "Vai à gue(r)ra!". Tinham-lhe contado que seu pai, que estava ausente, se encontrava no campo de batalha. Agora, o jogo simbolizava a rivalidade edípica e comportava uma personificação: o brinquedo metaforizava o soldado-pai sendo mandado embora. Freud comenta que, assim como antes não chorava quando a mãe ia embora, agora

---

[1] Estando num momento anterior à aquisição do *shifter* da primeira pessoa ("eu"), a criança se referia a si mesma pelo próprio nome ou por expressões como "o neném".

parecia não sentir a falta do pai. No *fort-dá*, Ernst estava identificado com a mãe; no "Vai à gue(r)ra!", com o pai. Nos dois casos, brincava de afastar um objeto: primeiro, apenas pequenos objetos que nomeava; inseria-se no campo da linguagem e criava um campo de jogo subtraído à onipotência simbólica da mãe. Aos dois anos e meio, os pequenos objetos perderam importância e apareceram personagens que inscreviam relações, diferenças: ele era o general que dava ordens no soldado-pai. Com a personificação, o jogo se libertava até dos brinquedos e só dependia da imaginação, mas para isso o eu precisava ter permanência simbólica para além da imagem especular.

Algumas crianças com variadas questões de linguagem (autismo, psicose, distúrbios específicos, debilidade) encontram dificuldade nos jogos de personificação, que se sustentam no "vamos fazer de conta que eu era" e requerem desidentificação. Algumas não conseguem não ser algum dos personagens da história, outras ficam sem poder mudar de papel: duas valiosas indicações clínicas no brincar de quando uma análise pode ser importante para uma criança.

Referências e indicações de leitura

Dunker, C. (1996/2013). *A psicose na criança: tempo, linguagem e sujeito*. São Paulo: Zagodoni.

Freud, S. (1908/1996). El creador literario y el fantaseo. In S. Freud, *Obras Completas* (Vol. IX). Buenos Aires: Amorrortu.

Freud, S. (1920/1996). Más allá del princípio del placer. In S. Freud, *Obras Completas* (Vol. XVIII). Buenos Aires: Amorrortu.

Klein, M. (1929/1996). Personificação no brincar das crianças. In M. Klein, *Amor, culpa e reparação e outros trabalhos (1921-1945)* (pp. 228-239). Rio de Janeiro: Imago.

Winnicott, D. W. (1958/1998). A capacidade para estar-só. In D. W. Winnicott, *O ambiente e os processos de maturação* (pp. 31-37). Porto Alegre: Artes Médicas.

3. Contribuições de Freud ao conceito de psicose e à função do delírio

Ana Lúcia Mandelli de Marsillac

> *. . . o fantástico novo mundo externo da psicose quer se alojar no lugar da realidade exterior . . .*
>
> Freud (1924a/2021, p. 284)

O termo psicose originou-se a partir do grego *psychosis* e significa condição anormal da mente. No campo da psicopatologia, é a concepção de base dos quadros clínicos mais graves, como: esquizofrenia, paranoia e megalomania.

Na obra de Sigmund Freud, o conceito de psicose é desenvolvido gradativamente. No texto: *As neuropsicoses de defesa* (1894/1996), já se valia do termo: *Verwerfung*, que indica a rejeição da representação, ou seja, uma forma de negação de um traço de memória traumático e do afeto a ele correspondente.

A psicose envolve, assim, rejeição/forclusão da realidade (Freud, 1925/2021). Nesse sentido, as construções decorrentes apresentam-se como tentativas de reparação, entretanto, afastam-se da realidade compartilhada, que é substituída por uma formação singular, considerada delirante. Dessa forma, interroga a razão, guardando forte relação com o universo onírico, no qual se perde a linearidade do tempo e embaralham-se as dimensões do espaço e do corpo.

> *Uma virada fatal para a história da Terra e da humanidade pareceu-me então ser indicada pelos acontecimentos de um único dia, do qual me recordo claramente, em que se falou de extinção dos "relógios do mundo" e simultaneamente ocorreu um afluxo contínuo, de uma rara abundância, de raios para o meu corpo, acompanhado de esplêndidos fenômenos luminosos (Schreber, 1903/2021, p. 98).*

O mais célebre texto de Freud sobre o tema da psicose: *Notas psicanalíticas sobre um relato autobiográfico de um caso de paranoia (dementia paranoides)* (1911), debruçou-se não propriamente sobre um caso clínico, mas sobre a autobiografia de Daniel Paul Schreber: *Memórias de um doente dos nervos* (1903). Schreber é um caso exemplar de psicose paranoica, dando mostras de sintomas hipocondríacos, megalomaníacos e delirantes. O delírio, para além de sua manifestação enquanto construção distorcida da realidade, revela-se como remendo, tentativa de cura e portador de verdade subjetiva.

É na sua análise do livro de Schreber, de 1911, e nos textos: *Neurose e psicose* e *A perda da realidade na neurose e na psicose*, ambos de 1924, que Freud vai formular sua concepção dos mecanismos psíquicos envolvidos na psicose. Freud parte do princípio de que as leis do sistema inconsciente (isso) encontram-se em todas as estruturas psíquicas (neurose, psicose e perversão) e busca, assim, delimitar a metapsicologia específica.

A etiologia comum da neurose e da psicose consiste em uma frustração de desejos infantis não realizados. Os efeitos patológicos dependem do eu, que pode se adequar à realidade externa ou ser vencido pelo isso. Na psicose, o conflito entre o eu e a realidade tem como desfecho a aliança entre o eu e isso, na forclusão de um fragmento da realidade. Para Freud, essa é a característica diferencial da psicose. Nesse sentido, o delírio viria como construção de uma nova realidade, a partir dessa rejeição que não implica as mesmas objeções da realidade abandonada.

> *Não se pode asseverar que um paranoico . . . retire completamente seu interesse do mundo externo . . . O paranoico percebe o mundo externo e leva em consideração quaisquer alterações que nele possam acontecer, e o efeito que aquele lhe causa estimula-o a inventar teorias explanatórias . . . (Freud, 1911/1996, p. 82).*

Na psicose ocorre, então, uma negação da realidade e uma tentativa de substituição. Essa transformação é realizada sobre os precipitados psíquicos de antigas relações, traços de memória, ideias e julgamentos. Ainda assim, cabe destacar que esses sistemas psíquicos são abertos e dinâmicos, articulando elementos do passado a novas percepções.

No que envolve a experiência subjetiva na psicose, Freud salienta o caráter aflitivo e angustiante desse processo de remodelamento da realidade. Schreber manifesta, em muitas passagens, suas tentativas de suicídio, os suplícios a que seu corpo era submetido, a incompreensão dos demais às suas angústias, o caráter excepcional e total da relação com Deus que incidia sobre si e o invadia.

> *Sobre a gênese das formações delirantes, algumas análises nos ensinaram que o delírio se apresenta como um remendo colocado onde, originalmente, havia surgido uma fissura na relação do Eu com o mundo exterior. Se a condição do conflito com o mundo exterior só não é muito mais evidente do que atualmente já reconhecemos, isso se deve ao fato de que, no quadro clínico da psicose, as manifestações do processo patogênico estão frequentemente recobertas por manifestações de uma tentativa de cura ou de reconstrução (Freud, 1924b/2021, p. 273).*

O complexo paterno, segundo Freud (1911/1996), desempenha função central e diferencial no desdobramento patológico e na dinâmica da transferência. É sobre ele que atua a rejeição. Nas experiências infantis, o pai aparece como aquele que paradoxalmente inscreve uma falta e é objeto de amor, transmitindo algo da lei e dos valores familiares, culturais. Nesse sentido, articula-se à construção de defesas psíquicas. Entretanto, ante a privações, as frustrações e os desafios da vida adulta, o psicótico não encontra a referência ao complexo paterno, tendo de construir por si próprio uma realidade que o defenda.

Na análise da autobiografia de Schreber, Freud destaca o estabelecimento da transferência enquanto erotomania, que envolve convicção delirante de amor ou perseguição para com o analista, repetindo e desdobrando investimentos afetivos que outrora foram dirigidos ao pai. "O papel de perseguidor foi primeiramente atribuído ao Professor Flechsig, médico sob cujos cuidados estava; mais tarde, o lugar foi assumido pelo próprio Deus" (Freud, 1911/1996, p. 29). A rejeição do amor destinado ao pai e, posteriormente, ao médico acarreta em dissociação psíquica e inversão de posições: 1) eu o amo; 2) eu não o amo; 3) eu o odeio, porque ele me persegue. Sublinha, assim, o papel central da projeção como mecanismo da produção sintomática, na psicose paranoica, e das fixações exageradas ou distorcidas, na erotomania.

Em vista da retirada de libido do mundo externo, da apatia apresentada, do superinvestimento no eu e do abandono dos investimentos objetais, Freud considerava a psicose inacessível à psicanálise. Ainda que não tenha exercido uma prática analítica regular com esses casos clínicos, inaugurou a abordagem psicanalítica sobre o tema. Suas contribuições ao conceito de psicose desmistificam o caráter patológico das construções delirantes e sublinham a tentativa subjetiva de restabelecimento. Dessa forma, auxiliam a situar os mecanismos subjacentes e indicam a direção do tratamento, sustentando o valor de verdade do delírio.

> *Compete ao futuro decidir se existe mais delírio na minha teoria do que eu gostaria de admitir, ou se há mais verdade no delírio de Schreber do que outras pessoas estão, por enquanto, preparadas para acreditar (Freud, 1911/1996, p. 85).*

Referências e indicações de leitura

Freud, S. (1911/1996). Notas psicanalíticas sobre um relato autobiográfico de um caso de paranoia (*dementia paranoides*). In S. Freud, *Edição Standard Brasileira das Obras Psicológicas Completas de Sigmund Freud* (Vol. XII). Rio de Janeiro: Imago.

Freud, S. (1924a/2021). A perda da realidade na neurose e na psicose. In S. Freud, *Obras Incompletas de Sigmund Freud* (Neurose, psicose e perversão). Belo Horizonte: Autêntica.

Freud, S. (1924b/2021). Neurose e psicose. In S. Freud, *Obras Incompletas de Sigmund Freud*. Belo Horizonte: Autêntica.

Freud, S. (1925/2021). A negação. In S. Freud, *Obras Incompletas de Sigmund Freud* (Neurose, psicose e perversão). Belo Horizonte: Autêntica.

Schreber, D. (1903/2021). *Memórias de um doente dos nervos*. São Paulo: Todavia.

4. O sentimento do estranho

André De Martini

O sentimento do estranho faz parte de nossa cultura. Seus vestígios talvez sejam tão longínquos quanto as pinturas rupestres ou os restos arqueológicos milenares que sempre nos impressionam. Certamente podemos encontrá-lo na literatura, na linguística, nas artes plásticas, na música ou nas artes do corpo. Freud, ao escrever sobre ele em 1919, utilizou-se longamente de um conto de Hoffmann, *O Homem da Areia*. As dimensões estética e linguageira tiveram um papel crucial para sua investigação, oferecendo elementos tão importantes quanto aqueles propriamente psicológicos que buscava compreender.

Não por acaso, esse é um dos textos de Freud que teve mais atenção e desenvolvimentos nos campos da estética, da crítica e dos estudos literários do que no próprio campo psicanalítico. Mas ele também traz contribuições fundamentais para a teoria psicanalítica e nos ajuda a pensar determinados eventos da experiência clínica, como relatarei mais à frente. O leitor reconhecerá neles o sentimento do estranho, pois muito provavelmente também já o experimentou:

alguma coisa vagamente familiar, um pouco perturbadora, algo que tem um efeito desconcertante.

Certa vez, ao passar por uma praça, senti um frio na barriga e uma inquietação que só passaram quando, subitamente, percebi que se tratava de um lugar de minha infância, do qual só tinha consciência de alguns fragmentos de memória, de uns brinquedos de cimento coloridos. Eu era muito pequeno para me lembrar do bairro, mas meu pai me levava para brincar ali (o que confirmei com ele depois), e eu nunca mais tinha passado por lá desde então. Esse estado de incerteza e oscilação entre algo familiar e algo desconhecido é o que caracteriza o sentimento do estranho, em relação ao qual a compreensão intelectual só pode vir depois, como um acréscimo.

Pela tradição literária e linguística, encontramos para o estranho acepções, como estrangeiro, algo secreto, oculto, inquietante, desconfortável, sombrio, obscuro, assombrado, sinistro, suspeito, lúgubre, demoníaco. Freud, por fim, o define como a junção de um elemento estético sombrio, assombroso etc. com um elemento psicológico: o retorno de algo reprimido do inconsciente, uma memória, um modo de pensamento antigo, infantil. Sem esse componente psicológico, o que é meramente obscuro ou lúgubre não será vivido como estranho; é preciso o retorno de algo já vivido, algo familiar, mas esquecido. E, acima de tudo, trata-se de uma *experiência*, algo que as produções artísticas ou literárias também podem produzir em nós.

Passarei agora ao relato de algumas vinhetas clínicas, atendo-me especificamente ao surgimento desse tipo de sentimento na relação com o paciente.

Um jovem analisando a quem eu atendia já há alguns anos um dia entrou na sala e parou, surpreso, diante da parede: "Nossa, um quadro novo?". Vendo minha expressão desconcertada (afinal, o quadro sempre estivera ali), ele logo emendou: "Por um acaso... ele já existia aí?". Depois de uns momentos imersos no estranhamento compartilhado, pude então dizer, "Bem, ele é novo para você".

Outro de meus pacientes contou-me que sentiu muita dificuldade de vir ao consultório naquele dia, a ponto de quase desistir (o que era inédito, pois sempre ansiava pelo horário e muito raramente faltava). Em determinado momento da sessão, começou a hesitar e gaguejar e, com um olhar de desespero dirigido a mim, ficou em silêncio. Não conseguia mais falar. Aos poucos, retomamos a conversa e ele então contou que se viu sobressaltado por um velho sentimento – desde a adolescência, e durante boa parte de sua vida adulta, sentia-se sempre muito isolado e com dificuldade de se comunicar. O motivo, sabíamos de outras conversas, era um esvaziamento, um "nada" que lhe roubava as palavras e os pensamentos. Ficou muito admirado e assustado ao perceber aquilo acontecendo ali, como uma experiência na sessão, e não apenas como um assunto sobre o passado.

Como aponta Freud, uma das características mais marcantes do estranho é a repetição: "Pois é possível reconhecer, na mente inconsciente, a predominância de uma 'compulsão à repetição', procedente dos impulsos instintuais . . . [e] o que quer que nos lembre esta íntima 'compulsão à repetição' é percebido como estranho" (1919/1996, p. 298). No caso desse paciente, a repetição daquele estado também o confrontou com uma antiga versão de si próprio que julgava ter superado.

A familiaridade do estranho pode ser de um apelo terrível e irresistível. Uma paciente me contava sobre um tipo de situação com o namorado, com quem vivia uma relação abusiva. Ele era dependente químico e, apesar de dominá-la (moral e fisicamente) na maior parte do tempo, tinha momentos de crise em que perdia totalmente as forças, ficava inerte e mal conseguia se mexer, em virtude de uma descompensação de potássio no organismo. Nessas horas o corpo dele lhe parecia algo entre um vegetal e um bebê, o que a deixava igualmente horrorizada e fascinada. Sentia muito prazer em socorrê-lo naqueles momentos.

Em um trabalho de imagem corporal que realizei por alguns anos com pacientes deficientes visuais, deparei-me com uma situação parecida em relação ao estranhamento do corpo. Lembro-me bem de uma moça a quem uma vez pedi que ficasse parada, em pé, com os braços esticados para cima. Seus braços não ficavam parados. Moviam-se de um jeito muito estranho, quase espasmódico, como que tentando encontrar um ponto de repouso impossível. Insisti com um novo pedido para que ela então me apontasse onde estava o teto. "Ali", respondeu, mas os braços continuavam a se mexer lenta e continuamente para todos os lados.

Nesses dois últimos casos, o efeito do estranho foi causado por uma espécie de funcionamento esquisito do corpo, que fugia ao controle consciente de cada um deles. Nesse mesmo sentido, Freud já havia observado "o estranho efeito dos acessos epiléticos e das manifestações de insanidade, porque excitam no espectador a impressão de processos automáticos e mecânicos, operando por trás da aparência comum de atividade mental" (1919/1996, p. 244).

Determinadas figuras podem ser estranhas e assustadoras porque sua ação parece ignorar a separação entre o eu e o mundo externo, atingindo-nos de dentro, por assim dizer. Uma paciente sonhou que observava, apreensiva, a fresta superior de uma porta. Sabia ter ali fora uma presença diabólica, que logo viu ser a figura terrível de seu avô. Ele então passou a olhar de volta e começou a alargar aquele vão com as mãos, até que pôde ir se esgueirando para dentro. Ela conseguiu se defender da invasão gritando a plenos pulmões tudo o que pensava dele, até que ele foi se tornando uma figura inerte, seca e morta. Por vezes, a assombração antecede a morte, mas o efeito é o mesmo:

> *Muitas pessoas experimentam a sensação, em seu mais alto grau, em relação à morte e aos cadáveres, ao retorno dos mortos e a espíritos e fantasmas. . . . algumas línguas em uso atualmente só podem traduzir a expressão alemã "uma casa* unheimlich*" por "uma casa assombrada". . . . Também podemos falar de uma pessoa viva como estranha, e o fazemos quando lhe atribuímos intenções maldosas (Freud, 1919/1996, p. 253).*

A partir dessas experiências do estranho, pude encontrar elementos importantes no processo de cada um desses pacientes. Assim como os sonhos ou as associações livres, o sentimento do estranho é um surpreendente guia para o complexo terreno formado pelo inconsciente, essa "terra estrangeira interior", como uma vez disse Freud.

Referências e indicações de leitura

Freud, S. (1919/1996). O estranho. In S. Freud, *Edição Standard Brasileira das Obras Psicológicas Completas de Sigmund Freud* (Vol. XII). Rio de Janeiro: Imago.

5. Transferência: motor e obstáculo

Lucas Simões Sessa

A transferência é um fenômeno presente em todos os relacionamentos humanos e se caracteriza pela repetição, a cada novo encontro com o outro, de um modo de se relacionar de natureza inconsciente e próprio a cada sujeito. Evidencia nas relações algo além do ineditismo e da singularidade daquele arranjo específico, trazendo também a atualização de um conjunto de afetos, demandas, identificações, frustrações e marcas libidinais. São modos de amar que remontam o percurso de idealizações, investimentos, perdas e vínculos do sujeito.

Trata-se de uma noção de importância central na obra de Freud e na construção do método psicanalítico, por articular elementos fundamentais do inconsciente e determinar de modo decisivo a prática clínica. O fenômeno da transferência atesta a descoberta freudiana do inconsciente e testemunha a vigência das leis que regem seu funcionamento. Isso porque é a própria realidade do inconsciente que nela se atualiza, revelando outra temporalidade, diferente da cronologia da consciência, na qual o sujeito repete em ato aquilo de que, por efeito do recalcamento, não pode se lembrar.

Apesar de comumente designar a relação entre o analista e o paciente, a expressão "relação transferencial" se refere a todo encontro humano, portanto. E se a transferência em si não é uma exclusividade desse vínculo, a marca distintiva do método psicanalítico nesse aspecto será o manejo que seu condutor fará dela na prática clínica, responsável por sensíveis transformações na ferramenta freudiana de investigação do inconsciente. Uma vez descoberta a transferência, o trabalho analítico não mais se ocupará de falar sobre o inconsciente para a consciência do indivíduo, passando a operar sobre suas atualizações naquela relação. Já não se define, então, pelo esforço de superar resistências, liberar o acesso do paciente a seus conteúdos recalcados e revelar a ele suas lembranças esquecidas, mas por atribuir importância e creditar valor terapêutico ao manejo do que se manifesta na própria relação entre o analista e o paciente, entendida como atualização da realidade do inconsciente daquele sujeito.

A transferência será tanto mais evidente e intensa quanto maior for a relevância, para o sujeito, daquele outro com quem se relaciona. Torna-se particularmente verificável, portanto, em relações de autoridade e cuidado, com figuras pelas quais se cultiva notada admiração, nas circunstâncias de um apaixonamento, ou ainda na constituição de grupos e massas, mediante a eleição de um líder comum a seus integrantes.

Dizer que a transferência configura o motor de uma análise pressupõe: que o analista ser alçado a um lugar de importância para quem o procura é uma condição imprescindível ao funcionamento deste dispositivo. Já sua dimensão de obstáculo ao trabalho remete à constatação de que o paciente funcionará no contexto analítico assim como funciona na vida e, portanto, não haverá de adotar necessariamente uma postura colaborativa com o próprio tratamento, tampouco manter a todo tempo um vínculo harmonioso com a figura do analista. O que não implica, vale lembrar, uma intenção deliberada de se contrapor aos propósitos terapêuticos, mas uma repetição dos mesmos mecanismos que motivaram sua busca pela psicanálise.

Partindo ainda da premissa de que toda relação é transferencial, não seria correto afirmar que os conteúdos mobilizados em uma análise são menos verdadeiros se comparados aos que encontramos em outros laços. Não é por esse motivo, então, que o analista deve renunciar tanto à correspondência quanto à rejeição de investimentos libidinais por parte de seus analisandos, sejam de natureza amorosa ou hostil, mas porque responder a eles encerraria a oportunidade, construída pelo dispositivo analítico, de interrogá-los e assim abrir caminho para que se ponham em questão os conteúdos inconscientes atualizados na transferência.

Para ilustrar as formulações expostas e suas implicações na prática analítica, recorro a um fragmento clínico capaz de reunir elementos elucidativos do conceito freudiano de transferência. Trata-se de uma jovem que me procurou queixando-se de intensa irritabilidade e recorrentes episódios de angústia. Suas primeiras associações a partir dessas queixas conduzem a lembranças de uma infância conflituosa, sobretudo na relação com os pais, a quem descreve como despreparados e ausentes.

Associando livremente a partir do que seriam então o preparo e a presença esperados por ela, sua irritabilidade e sua angústia vão se mostrando articuladas a situações nas quais considera que o outro faltou, por não comparecer quando solicitado ou não corresponder a uma expectativa a ele dirigida por ela.

Esse modo de se vincular se evidencia especialmente em seu relacionamento amoroso, cada vez mais destinatário de seus afetos, idealizações, demandas e investimentos, passando a ocupar grande parte das sessões com os conflitos referentes àquele laço. Quando esse outro parecia faltar, ela respondia com o engajamento em outras relações, atualizando sua busca de satisfação. Em determinada sessão, conta que o companheiro descobriu seus outros relacionamentos e decidiu terminar o namoro.

No mesmo percurso associativo, lembra de quando, no início da pandemia, precisei desmarcar a agenda do consultório algumas vezes, em ocasião de importantes emergências familiares, e revela: naquele momento iniciou uma psicoterapia de outra abordagem em paralelo à sua análise comigo. Diz ainda ter mantido essa decisão em segredo, durante vários meses, por receio de ser repreendida e precisar interromper o trabalho que vínhamos realizando, pois sentia-se constrangida e acreditava ter "estragado tudo".

Considero essa passagem ilustrativa de aspectos elementares do conceito freudiano de transferência: a atualização da realidade do inconsciente na relação com o analista, além do fato de ser, simultaneamente, a mola propulsora do tratamento e o seu maior obstáculo. A dimensão de barreira se vê na iniciativa da paciente de ocultar de seu analista conteúdos psíquicos significativos, também nos afetos mobilizados desde sua atuação até o momento em que decide revelar aquele segredo, bem como no delicado manejo que demanda do analista para não desconsiderar a dimensão de repetição do inconsciente que existe ali, ao que inevitavelmente endossaria o caminho moralizante de julgar sua atitude, tomá-la como ofensiva e até incompatível com o tratamento, já anunciado pela paciente.

Minha escolha foi por marcar o encadeamento existente entre aquelas associações, interpretar seu desejo de que o outro, representado por seus pais, seu companheiro ou seu analista, esteja sempre disponível para responder suas demandas e corresponder a suas expectativas, e encerrar a sessão. A transferência enquanto motor do tratamento aparece na potência terapêutica gerada pela oportunidade aberta a partir da atualização da realidade psíquica do inconsciente na relação dela comigo, que pôde então servir para pôr em questão aspectos essenciais do seu funcionamento psíquico e constituiu progressos expressivos na condução deste caso.

Antes da sessão seguinte, me escreveu. Costumava escutar e comentar *podcasts* de psicanálise, ou listar temas para as próximas sessões. Naquela ocasião, apenas uma pergunta: Lucas, o que é transferência?

Referências e indicações de leitura

Freud, S. (1912/2021). Sobre a dinâmica da transferência. In S. Freud, *Obras Incompletas de Sigmund Freud* (Fundamentos da prática clínica). Belo Horizonte: Autêntica.

Freud, S. (1914-1915/2021). Observações sobre o amor transferencial. In S. Freud, *Obras Incompletas de Sigmund Freud* (Fundamentos da prática clínica). Belo Horizonte: Autêntica.

Freud, S. (1916-1917/2014). A transferência. In S. Freud, *Obras Completas* (Vol.13). São Paulo: Companhia das Letras.

6. Desamparo: uma condição humana

Maíra Humberto Peixeiro
Natália Alves Barbieri
Ruth Gelehrter da Costa Lopes

A temática do desamparo é abordada na obra freudiana desde os primeiros textos psicanalíticos e, apesar da relevância do tema para a psicanálise, não será tratado como um conceito teórico, mas como uma noção que perpassa sua obra, muitas vezes mencionada a partir de referências cotidianas (aqui corroboramos a análise sobre desamparo realizada por Pereira, 2004).

O desamparo é usado, inicialmente, para definir a situação de total dependência do bebê em relação a seu cuidador, quando, por seu estágio de desenvolvimento psicomotor, a criança é incapaz de realizar ações específicas para garantir sua sobrevivência, como se alimentar, se limpar, se proteger do perigo. Desamparo – ou *Hilflosigkeit,* no alemão original – remete a essa condição/sensação de não poder ajudar a si mesmo; de desproteção; de ausência de resposta diante das exigências internas e externas que visam à manutenção da vida.

A impossibilidade de satisfação pulsional é vivida como uma ameaça diante de um perigo que só pode ser atenuada com a intervenção de um outro. Se não houver ajuda, tanto a vida biológica como a vida psíquica estarão em risco. A incapacidade de satisfazer-se sozinho sobrepõe-se para o bebê a uma relação de desamparo e dependência absoluta em relação ao outro. O adulto, assim, assume uma posição onipotente diante da condição de vulnerabilidade da criança.

Esse encontro assimétrico entre criança e adulto abre passagem para a constituição do sujeito. A tentativa de descarga da tensão por meio do choro, do grito ou da apatia – expressões do desamparo – chama a atenção do adulto para o incômodo do bebê. O cuidador se pergunta: "Está com frio? Ou será fome?". Para o bebê ainda não existe "fome", mas sim algo que o incomoda. Quando o adulto nomeia a necessidade da criança ("Isso é fome"), oferece sentido a essa sensação e o choro se torna fome. O choro, assim como outras expressões corporais, adquire uma função para além da descarga da tensão: a função da comunicação (Freud, 1895/1996). A interpretação do adulto insere a expressão da criança no universo simbólico, no mundo compartilhado da linguagem.

Ainda em 1895, Freud conclui: "o desamparo inicial do ser humano é fonte primordial de todos os motivos morais" (p. 370), evidenciando que o percurso civilizatório parte de uma condição biológica em direção à cultura e à vida em sociedade. Esse outro – mãe, pai ou quem exerça a função de cuidador – atende não somente à demanda de alimento, calor, higiene, mas responde desde sua posição de sujeito inserido em uma dada cultura, trazendo consigo desejos, expectativas e ideais que se expressam por intermédio do olhar, das palavras e dos gestos, introduzindo a criança em referências, regulações e códigos sociais.

Tal condição primordial tende a ser revisitada em outros momentos da vida, como: o aparecimento de uma doença incapacitante, uma separação, a morte de pessoas importantes, condições de precariedade ou de terror social. O retorno a esse estado tão primário na constituição do psiquismo pode incitar uma desorganização extrema, levando à eclosão de uma crise disruptiva, por vezes com características psicóticas.

Tomemos aqui um homem idoso que vive um processo de perda de memória recente, desnorteamento espacial e ameaça de um processo demencial. Trabalhou como arquivista, tendo organizado alguns centros de memória de instituições importantes. Depois de uma piora no quadro cognitivo, sobreposta ao fim da longa visita do filho que mora no exterior e atualmente é seu cuidador mais confiável, dá-se início a uma crise. Tomado de angústia, passa a expressar extremo terror diante de cupins que teimam em habitar portas, janelas e o piso da casa. Todos os seus esforços se dirigem às tentativas de exterminá-los, e mesmo depois da dedetização feita, insiste em afirmar a presença dos insetos. Em uma sessão, por fim, consegue dizer à analista: "A maior ameaça aos arquivistas são os cupins, pois eles corroem as estruturas dos centros de memória". A vivência do desamparo em relação ao próprio eu, o medo de perder as referências (memórias) que sustentam a identidade, juntamente à ameaça de desproteção produzida pelo distanciamento do filho, desencadeiam intensa desorganização psíquica.

A angústia, conceito fundamental para a clínica psicanalítica, sinaliza uma situação de perigo para o psiquismo caracterizada pelo aumento de excitação pulsional somado à impossibilidade de processamento do aparelho psíquico; trata-se de um excesso não metabolizável que caracteriza as situações traumáticas e que recoloca em cena o estado de desamparo. A angústia experimentada nas separações e perdas inerentes ao percurso de vida trazem essa dimensão de perigo, em que os sujeitos se percebem sem recursos para se protegerem.

Em *O futuro de uma ilusão*, Freud (1927) passa a ressaltar a dimensão cultural do desamparo: "quando, então, a pessoa em crescimento percebe que está destinada a ser sempre uma criança, que jamais pode prescindir da proteção contra forças superiores desconhecidas, ele atribui a elas os traços da figura paterna, cria para si os deuses, que teme e que procura conquistar, e aos quais no entanto confia a sua proteção" (p. 255). Situa a religião como uma produção cultural, como uma forma de defesa diante do desamparo por meio da criação de um "Deus", um pai fiador.

Mais adiante em sua obra, Freud (1929/2020) vai considerar o trabalho civilizatório uma tentativa de amenizar o sofrimento causado pelo desamparo vivido diante de três grandes ameaças: a impossibilidade de dominar as forças da natureza, a decadência do corpo e a morte e, a maior delas, a perda do amor do outro. O desamparo, assim, regula as relações humanas por meio da suposta segurança dada pelo pertencimento a um grupo regido por leis e ideais comuns; segurança estabelecida às custas do impedimento da satisfação pulsional.

O caráter insolúvel da condição de desamparo aponta para uma condição inerente ao humano, que o acompanha durante toda a vida tanto no âmbito individual como no social. O imperativo de atenuar o sofrimento causado por essa condição impulsiona a um trabalho constante de recobrimento dessa ferida aberta, que é fonte de intensa criação humana. A religião, a arte, a ciência, a ética, a política e as relações amorosas e familiares são o resultado da busca incessante pelo enfrentamento desse conflito psíquico.

Referências e indicações de leitura

Freud, S. (1895/1996). Projeto de uma psicologia científica. In S. Freud, *Edição Standard Brasileira das Obras Completas de Sigmund Freud* (Vol. I). Rio de Janeiro: Imago.

Freud, S. (1921/1996). Psicologia das massas e análise do eu. In S. Freud, *Edição Standard Brasileira das Obras Completas de Sigmund Freud* (Vol. XV). Rio de Janeiro: Imago.

Freud, S. (1927/2020). O futuro de uma ilusão. In S. Freud, *Obras Incompletas de Sigmund Freud* (Cultura, sociedade e religião: O mal-estar na cultura e outros escritos). Belo Horizonte: Autêntica.

Freud, S. (1929/2020). O mal-estar na Cultura. In S. Freud, *Obras Incompletas de Sigmund Freud* (Cultura, sociedade e religião: O mal-estar na cultura e outros escritos). Belo Horizonte: Autêntica.

Pereira, M. E. C. (2004). *Pânico e desamparo*. Rio de Janeiro: Escuta.

7. Construções na análise: ampliações clínicas

Martina Dall'Igna de Oliveira

"Construções na análise" é um dos poucos textos que Freud (1937/2018) dedica à técnica psicanalítica após a formulação do segundo modelo de tópica psíquica, em *O eu e o id* (1923/2011). Nele, o criador da psicanálise propõe uma fértil discussão sobre a técnica e a atividade do analista, que acompanha suas recentes formulações teóricas e remete aos questionamentos surgidos pela análise de psicopatologias cujas manifestações psíquicas diferem daquelas da neurose. O problema ao qual se dedica ao longo do texto concerne à validade de uma interpretação – "Cara, eu ganho; coroa, você perde" (p. 328) – e marca uma ampla discussão acerca da atividade do analista, sobretudo sob o prisma da alteridade nos processos de análise e, por assim dizer, da ética em psicanálise.

Freud (1937/2018) inicia o artigo ressaltando que o trabalho analítico é composto de duas partes, cada qual com distintas funções e regras fundamentais: ao analisando, cabe comunicar ao analista o que lhe vier à mente – a regra fundamental da associação livre; já ao analista, cabe a tarefa de "adivinhar, ou melhor *construir* o que foi esquecido, com base nos indícios deixados" (p. 330). De forma implícita, a relação assimétrica está colocada e as distintas partes têm suas atividades em uma relação de complementariedade.

Nesse sentido, o material de que se vale o analista para construir algo que leve o analisando a recordar de uma cena vivida está, segundo Freud, sob ação do recalcamento psíquico: são os sonhos, atos falhos, lapsos e todas as outras formações de compromisso entre as instâncias psíquicas: consciente, pré-consciente e inconsciente. É nesse sentido que Freud (1937/2018) diferenciará o trabalho do analista do trabalho do arqueólogo, visto que a pré-história que o analista procura levantar encontra-se preservada, como em Pompeia e na tumba de Tutancâmon. O trabalho de construção, nesse contexto clínico, seria viabilizar a rememoração, ou retomar o fio das associações que aludem à época esquecida – mas conhecida – pelo analisando, visto que se trata da ação do recalcamento. Nesse contexto, para que algo se torne consciente, nos diz Freud (1923/2011) em *O eu e o id*, é necessário que haja – ou que seja retomada – a ligação com a representação verbal correspondente: "essas representações verbais são resíduos de memória, e como todos os resíduos mnemônicos, podem voltar a ser conscientes" (p. 24). Portanto, para além do sim ou não do analisando, o que conferiria "certeza" à construção do analista é seu efeito de gerar novas associações e lembranças que a complementariam e ampliariam.

Ao avançar no texto, Freud (1937/2018) afirma que a construção se coloca como um trabalho prévio à rememoração do analisando. Trabalho prévio não no sentido de ser anterior a uma etapa seguinte, mas no sentido de complementariedade das distintas posições do analista e do analisando: "o analista conclui um pedaço de construção e o transmite ao analisando, para que tenha algum efeito sobre ele; em seguida, constrói mais um pedaço, a partir do novo material que flui, age da mesma forma com esse, e prossegue nessa alternância" (p. 333). Nesse sentido a construção, ao ser oferecida ao analisando, gera novas associações, viabilizando rememorações de uma pré-história recalcada. É interessante que tal definição, que aparentemente nada apresenta de novidade à teoria psicanalítica, abre caminhos para o que Freud nos atentará a seguir:

> *Somente um ponto requer investigação e esclarecimento. O caminho que parte da construção do analista deveria terminar na recordação do analisando; mas nem sempre chega até lá. Frequentemente não conseguimos levar o paciente à recordação do que foi reprimido. Em vez disso, nele obtemos, se a análise foi corretamente conduzida, uma firme convicção da verdade da construção, que tem o mesmo resultado terapêutico que uma lembrança conquistada (pp. 339-340).*

Tal observação abre a última parte do artigo, em que Freud (1937/2018) traz suas inquietações para que a técnica psicanalítica siga ampliando seu campo clínico. Se nem sempre nos encontramos na ideal situação em que uma construção viabiliza a rememoração de uma cena vivida, como pensar a técnica e a atividade do analista em tais situações clínicas? Nos aproximamos, agora, de um cenário diferente daquele de uma pré-história preservada e representada por formações do inconsciente: as cenas vividas aqui são impossíveis de serem lembradas, visto que, se há alguma relação com o recalcamento, é com o recalcamento originário, com inscrições fundadoras não passíveis de serem ligadas, pelo analisando, a representações-palavra.

Para ilustrar esse paradigma clínico, tomemos um pequeno recorte da experiência clínica de Freud, na *História de uma análise infantil ("O Homem dos Lobos")* (1918/2010). Em determinado ponto da análise de Sergei Pankejeff, Freud formula a hipótese de uma cena vivenciada por seu analisando ainda em uma idade muito precoce e, portanto, muito pouco possível de ser lembrada, mas que remete à possível origem de seu padecimento psíquico. O psicanalista reúne os fragmentos obtidos ao longo da análise, para então anunciar a seus leitores que "neste ponto vejo-me obrigado a abandonar o apoio fornecido pelo curso da análise" (p. 51), quando oferece a construção da possível cena vivenciada pelo analisando: "e peço a ele que se junte a mim na decisão de crer provisoriamente na realidade dessa cena" (p. 54). Aqui, a atividade do analista se distancia daquela do trabalho prévio à rememoração do analisando, visto que a construção da cena é oferecida pelo próprio analista.

É importante frisarmos as palavras de Freud:

> *Quero dizer que cenas como a de meu paciente, de um período tão antigo e com tal conteúdo, e que possuem tal importância para a história do caso, em geral não são reproduzidas como lembranças, mas têm de ser gradual e laboriosamente adivinhadas – construídas – a partir de uma soma de indícios. Não sou de opinião que estas cenas tenham de ser fantasias necessariamente, porque não retornam como lembranças (pp. 70-71).*

A construção, vista por este ângulo, é um processo de ligação psíquica no qual o analista se vê ainda mais profundamente implicado, e que confere, segundo o autor, o mesmo resultado terapêutico que uma lembrança conquistada.

Nesse sentido, *Construções na análise* busca, de certa forma, oferecer subsídios para um fazer ético nessas situações: uma construção, oferecida pelo analista, só pode ser confirmada se gerar novas associações no analisando. Essa segue sendo a baliza ética na qual se sustenta todo tratamento psicanalítico, junto com a análise da transferência. Ao final de sua obra, Freud (1937/2018) apresenta bases para que o movimento psicanalítico possa seguir se desenvolvendo, a partir das interrogações colocadas pela escuta clínica: "em que circunstâncias isso se dá, e como se torna possível que um substituto aparentemente imperfeito alcance total eficácia, tudo isso é matéria para investigação futura" (p. 340). Dessa forma, o texto de 1937 estabelece indagações que viabilizam uma abertura para o desenvolvimento de processos de simbolização em análise nos quais sobretudo a transferência parece ser tensionada em seu limite.

Referências e indicações de leitura

Freud, S. (1918/2010). História de uma neurose infantil ("O Homem dos Lobos"). In S. Freud, *Obras Completas* (Vol. XIV). São Paulo: Companhia das Letras.

Freud, S. (1923/2011). O eu e o id. In S. Freud, *Obras Completas* (Vol. XVI). São Paulo: Companhia das Letras.

Freud, S. (1937/2018). Construções na análise. In S. Freud, *Obras Completas* (Vol. XIX). São Paulo: Companhia das Letras.

8. Pulsão de morte: sobre a destrutividade psíquica

Mônica Medeiros Kother Macedo
Eurema Gallo de Moraes

No retorno aos textos freudianos, segue-se encontrando o vigor dos andaimes da construção de suas inovadoras propostas de compreensão do humano que marcaram a passagem do século XIX para o século XX. A leitura de seus ensaios proporciona ao leitor a satisfação de conviver com a inteligência de Sigmund Freud em seu constante trabalho de criar, pensar e refazer interrogações e proposições.

Nesse circuito dinâmico da investigação freudiana, as vicissitudes do encontro entre analista e analisando dão contornos inovadores tanto à interpretação das produções do inconsciente quanto à complexidade teórica que acompanha e sustenta as modulações da escuta. Assim, é a singularidade das narrativas e a escuta ao desconhecido do outro, atualizadas no campo transferencial, que se transformam em uma experiência de possibilidades, reconhecida como um processo de análise.

O conceito de pulsão de morte, tema deste capítulo, foi apresentado por Sigmund Freud em 1920, em seu ensaio *Além do princípio do prazer*, constituindo-se no eixo teórico central do desenvolvimento de proposições que nos permitem desvelar o impacto do demoníaco no circuito pulsional. Freud chega ao ano de 1920 reafirmando a importância da satisfação pulsional encontrada na repetição de brincadeiras pelas crianças, nas atualizações dos conflitos neuróticos dos analisandos no jogo entre transferência e resistência e na acomodação do sujeito aos trâmites de seu destino. No entanto, na atenção dedicada às nuances do inédito, afirma que "em uma reflexão mais criteriosa, teremos de admitir que mesmo nos outros exemplos trazidos por nós os fatos não estarão suficientemente bem explicados se utilizarmos apenas os motivos que já nos são familiares" (Freud, 1920/2006, p. 148).

Alcançara-se, até então, o aprofundamento de argumentos sustentados na repetição das nuances do princípio de prazer e do princípio de desprazer; porém, Freud aponta na direção de um novo fenômeno: a *compulsão à repetição*. Essa modalidade de repetição o obriga a ampliar o olhar e a reconhecer novos interrogantes uma vez que "esta de fato nos parece mais arcaica, mais elementar e mais pulsional do que o princípio de prazer, o qual ela suplanta" (Freud, 1920/2006, p. 148). Inaugura-se, assim, um campo para cultivar inúmeras questões sobre os impasses na vida psíquica, a partir daqui considerados sob o domínio e, sobretudo, o predomínio de intensidades *além do princípio de prazer*.

A quebra da hegemonia do princípio de prazer anuncia-se na escrita freudiana antes de 1920, a partir de interrogações sobre os desdobramentos da repetição; dos impasses clínicos na escuta da neurose obsessiva e da melancolia; nos estudos sobre a ambivalência e o jogo pulsional entre sadismo e masoquismo. As problemáticas, assentadas no campo do narcisismo, também direcionam Freud à proposição da segunda tópica psíquica. Assim, a concepção de trauma ressurge nesse cenário, ampliada no reconhecimento da fragilidade psíquica frente à intensidade do vivido.

Assim, sob os efeitos das intensidades da experiência traumática, o aparelho psíquico fica paralisado pela dor, havendo um empobrecimento de investimentos disponíveis em todos os outros sistemas. A anterior hegemonia do princípio de prazer sucumbe frente ao aprisionamento do sujeito no circuito da compulsão à repetição.

O novo dualismo apresenta-se nas expressões de distintas forças psíquicas: pulsões de vida vs. pulsões de morte. Em associação à pulsão de vida, em cuja definição Freud (1920/2006) agrupa as pulsões de autoconservação ou do ego e a pulsão sexual já presentes em seu primeiro dualismo pulsional, estão as possibilidades psíquicas de investimento, ligações e enlaces ao universo representacional. É a economia do simbólico, do enigmático e, acima de tudo, das condições psíquicas de tramitação de intensidades e de possibilidades de criação.

Já na consideração freudiana da pulsão de morte, os temas do excesso, do desligado, das disjunções e do caráter regressivo das pulsões adquirem projeção. Segundo comentários editoriais da *Standard Edition of the Complete Psychological Works of Sigmund Freud* relativos à menção da pulsão de morte, é no texto freudiano de 1920 que "o problema da destrutividade, que desempenhou papel cada vez mais importante em suas obras teóricas, faz seu primeiro aparecimento explícito" (Strachey, 1920/2006, p. 125). A partir dessas distintas modalidades de circulação na economia psíquica, a qualidade de experiências singulares, próprias à constituição do sujeito psíquico, impacta por sua relevância.

Nas vicissitudes do predomínio de parcos investimentos amorosos, encontraremos, na história do sujeito, elementos de combustão que alimentam a destrutividade própria ao predomínio da pulsão de morte. Passam a ser fundamentais, na escuta das expressões da pulsão de morte, as intensidades psíquicas que se apresentam via repetições. Uma das vias de modulações da destrutividade pode se manifestar por meio de atos.

Na chegada à análise, Paula interroga a repetição de situações em sua vida descritas sob a denominação "falta de sorte". Conta de escolhas amorosas cujos sucessivos fracassos fazem com que se sinta tendo "um dedo podre", não entendendo o motivo de "nada dar certo" para ela. Em sua narrativa "escapa" uma referência sobre o que ocorre no silêncio do seu quarto. Paula descreve, então, situações repetidas nas quais, com uma gilete ou um estilete em mãos, sucumbe, no ato dirigido ao corpo, ao imperativo da força destrutiva do que desconhece em si mesma. Em seu ato mutilatório se vê atordoada pela dimensão de intensidades que a aprisionam entre dor e prazer, nomeando cenas que aludem à raiva que a cega, ao alívio sentido e, também, à culpa que a assola. O processo analítico de Paula ilustra a força da destrutividade por meio de seu impactante testemunho sobre a vigência da pulsão de morte e o aprisionamento do sujeito psíquico em seu circuito tanático. Desencontros traumáticos entre o eu e o outro têm como efeito inegáveis danos narcísicos, cuja complexidade pode se desvelar na precariedade frente ao incremento pulsional, no prejuízo ao valor de si mesmo e na impressão de marcas subjetivas de indiferença. Na história de Paula, a repetição violenta de enunciados de indiferença a deixa prisioneira do atordoamento de ser um "dedo podre".

É nessa direção que Freud (1920/2006) afirmou: "foi a compulsão à repetição que inicialmente nos incitou a seguir a pista das pulsões de morte" (p. 176). Encontramos na obra de Sigmund Freud uma proposta metapsicológica sobre a economia pulsional desgovernada, que atordoa ao encontrar um sujeito fragilizado nos recursos necessários à tramitação e ao trabalho psíquico, requeridos pela intensidade das experiências. Assim, o predomínio da pulsão de morte é afirmado, na escrita freudiana, como testemunho dos devastadores efeitos da destrutividade psíquica.

Referências e indicações de leitura

Freud, S. (1915/2004). Pulsões e destinos da pulsão. In S. Freud, *Obras Psicológicas de Sigmund Freud* (Escritos sobre a psicologia do inconsciente, Vol. I). Rio de Janeiro: Imago.

Freud, S. (1920/2006). Além do princípio do prazer. In S. Freud, *Obras Psicológicas de Sigmund Freud* (Escritos sobre a psicologia do inconsciente, Vol. II). Rio de Janeiro: Imago.

Freud, S. (1923/1989). O ego e o id. In S. Freud *Edição Standard Brasileira das Obras Psicológicas Completas de Sigmund Freud* (Vol. XIX). Rio de Janeiro: Imago.

Freud, S. (1930/1989). O mal-estar na cultura. In S. Freud *Edição Standard Brasileira das Obras Psicológicas Completas de Sigmund Freud* (Vol. XXI). Rio de Janeiro: Imago.

Strachey, J. (1920/2006). Comentários editoriais da Standard Edition of the Complete Psychological Works of Sigmund Freud. In S. Freud, *Obras Psicológicas de Sigmund Freud* (Escritos sobre a psicologia do inconsciente, Vol. II). Rio de Janeiro: Imago.

9. Sobredeterminação (*Überdeterminierung*)

Paulo José Carvalho da Silva

Em sua investigação sobre os sonhos, Freud observa a frequente existência de mais de uma possibilidade de interpretação de vários elementos, ou seja, em alemão, uma *Mehrdeutigkeit* ou *Vieldeutigkeit*, termos que assinalam a pluralidade de significados, pois o prefixo *mehr* quer dizer mais e o *viel*, muitos, e que podem ser traduzidos como ambiguidade ou até mesmo equivocidade. A partir dessa múltipla significação dos elementos oníricos, Freud conclui, então, que haveria uma *Überdeterminierung*, termo traduzido normalmente como sobredeterminação ou superdeterminação, de qualquer modo, mais de uma determinação.

No capítulo V de *A interpretação dos sonhos* (1900/1978), Freud insiste que várias realizações de desejo podem estar reunidas num sonho, como também é possível que desejos encubram outros, até que se depare com a realização de um desejo da primeira infância. Numa nota acrescentada em 1914, ele ainda afirma que a sobreposição dos significados dos sonhos, embora seja um dos problemas mais delicados, ricos em conteúdo e decisivos da interpretação dos sonhos, é um dos menos investigados.

Não apenas os afetos nos sonhos seriam oriundos de uma confluência de fontes, mas a sobredeterminação também atuaria na elaboração onírica e no trabalho da censura. Ao abordar a condensação e, em particular, a existência de pontos nodais em que muitos dos pensamentos oníricos se encontram, volta a afirmar que os elementos dos sonhos são determinados várias vezes pelos pensamentos oníricos, bem como cada pensamento onírico é representado por vários elementos. Um claro exemplo disso seria a produção de pessoas mistas e coletivas no sonho, reunindo traços de duas ou mais pessoas numa figura onírica. No trabalho de deslocamento, Freud identifica uma *vielseitige Determinierung*, o que pode ser traduzido por determinação multifacetada, sendo que o adjetivo *vielseitig* também pode significar polivalente, versátil ou mesmo abrangente, termos que denotam multiplicidade.

O mesmo vale para os sintomas. Em particular, sobre os sintomas histéricos: duas correntes da vida psíquica precisam confluir para a sua formação ou, dito de outro modo, o sintoma é determinado, no mínimo, duas vezes, ao entrarem em jogo diferentes sistemas que se acham em conflito. Freud arremata: "E, à semelhança do sonho, não há limites para a sobredeterminação" (1900/1978, p. 575, trad. nossa). Nos escritos do final do século XIX sobre a etiologia das neuroses, Freud defende que vários momentos ou fatores precisam se reunir na origem de uma neurose. O sintoma histérico seria, por exemplo, produto de uma espécie de consonância de cenas mais ou menos atuais com outras da vida sexual infantil. Nos *Estudos sobre a histeria* (1895/1978), à guisa de esclarecimento, emprega a analogia de um sistema de linhas convergentes, com pontos nodais, que constituem uma rede. Ou seja, a cadeia lógica inconsciente funciona como ramificações que se sobrepõem, formando mais de um núcleo patógeno. Na análise dos sintomas de Dora (Freud, 1905/1978), por sua vez, à constatação de que um sintoma pode corresponder concomitantemente a vários significados acrescenta-se a suposição de que ele ainda pode dar expressão a vários significados sucessivamente. Isto é, um mesmo sintoma pode mudar seus significados ou seu significado principal (função latente) ao longo dos anos. Soma-se a isso o fato de que diferentes excitações psíquicas podem confluir para essa sobredeterminação do sintoma.

De modo consistente, Freud ressalta a múltipla determinação das formações do inconsciente: sonhos, sintomas, chistes, ideias obsessivas, atos falhos e esquecimentos apresentam uma pluralidade de significados (*Vieldeutigkeit*), portanto, de motivações. O raciocínio clínico freudiano suplanta o mecanicismo e o reducionismo causal. Suas reflexões sobre a cultura, a sociedade e a história também, ao pressupor não exatamente uma cadeia e, sim, uma trama de causações (*Netzwerk der Verursachungen*), permitindo mais de uma hipótese elucidativa. Explicações simplistas seriam mais um anseio da consciência, uma ilusão reconfortante ou limite da pesquisa humana, intimidada pela imensa complexidade dos fatos: "Para nossa necessidade causal (que é imperiosa, sem dúvida) basta que cada acontecimento tenha uma só causa verificável. Mas na realidade que está fora de nós isso dificilmente ocorre; cada acontecimento parece ser sobredeterminado, mostra-se como efeito de várias causas convergentes" (Freud, 1939/2018, p. 149).

Engana-se quem pensa que a ideia de sobredeterminação pertence aos primeiros tempos da teorização freudiana e que teria sido abandonada à medida que os recursos teóricos da psicanálise foram se refinando. Aliás, em *Análise terminável e análise interminável* (1937a/1978), Freud volta a afirmar que a etiologia de todas as formas de neurose é mista (*gemischt*). É preciso, por essa razão, prudência na interpretação das formações do inconsciente ou mesmo nas construções, para não se precipitar numa definição estanque, ilusoriamente definitiva, pois mesmo as confirmações dos analisandos podem ter múltiplos significados (*vieldeutig*). Inclusive porque uma construção nada mais é do que uma suposição que espera ser verificada, como bem lembra Freud em *Construções em análise* (1937b/1978).

A ideia de sobredeterminação, tão pouco discutida, é de suma importância para a clínica psicanalítica. Com efeito, a tarefa diagnóstica e a arte da interpretação dependem de uma atitude investigativa, de uma abertura intelectual e de um cálculo que leva em consideração múltiplas possibilidades, em diferentes combinações e transformações. Tal noção é um guia fundamental na escuta cotidiana das diferentes formas de sofrimentos que os analisandos relatam, de modo a orientar sua pesquisa sobre como seu estado atual exprime uma confluência de determinações enigmáticas, sobretudo inconscientes, e como sua história de sofrimento é permeada por diferentes afetos, desejos, desencontros, palavras incompreendidas e, em especial, fantasias, sujeitas a múltiplas leituras. A ideia de sobredeterminação tem, enfim, implicações epistemológicas e éticas: ela remete a um não saber *a priori* da parte do psicanalista e ao respeito à absoluta singularidade do psiquismo do psicanalisando.

Referências e indicações de leitura

Freud, S., & Breuer, J. (1895/1978). Studien über Hysterie. In S. Freud, *Gesammelte Werke* (Vol. I). Frankfurt am Main: S. Fischer Verlag.

Freud, S. (1900/1978). Die Traumdeutung. In S. Freud, *Gesammelte Werke* (Vol. II-III). Frankfurt am Main: S. Fischer Verlag.

Freud, S. (1900/2019). A interpretação dos sonhos. In S. Freud, *Obras Completas* (Vol. IV). São Paulo: Companhia das Letras.

Freud, S. (1905/1978). Bruchstück einer Hysterie-Analyse. In S. Freud, *Gesammelte Werke* (Vol. V). Frankfurt am Main: S. Fischer Verlag.

Freud, S. (1937a/1978). Konstruktionen in der Analyse. In S. Freud, *Gesammelte Werke* (Vol. XVI). Frankfurt am Main: S. Fischer Verlag.

Freud, S. (1937b/1978). Die endliche und die unendliche Analyse. In S. Freud, *Gesammelte Werke* (Vol. XVI). Frankfurt am Main: S. Fischer Verlag.

Freud, S. (1939/1978). Der Mann Moses und die monotheitische Religion. In S. Freud, *Gesammelte Werke* (Vol. XVI). Frankfurt am Main: S. Fischer Verlag.

Freud, S. (1939/2018). Moisés e o monoteísmo. In S. Freud, *Obras Completas* (Vol. 19). São Paulo: Companhia das Letras.

10. Para-excitações: um sistema de proteção especializado

Thiago Pereira Majolo

O conceito de para-excitação começou a ser desenvolvido na obra freudiana em época ainda anterior ao advento das formulações teórico-clínicas que viriam a ser definidas como psicanálise. No seu tratado neurológico *Projeto para uma psicologia científica*, Freud (1985/1996) fala de um aparelho especializado de proteção contra excitações demasiadas advindas do mundo exterior. Esse aparelho evitaria que o excesso de estímulos externos fosse distribuído pelas terminações nervosas do organismo, como um para-raios protege as instalações de uma casa. Uma vez que o para-excitações evitaria a descarga demasiada, o sujeito não a perceberia como grande perigo, evitando assim o curto-circuito, o trauma.

Nos anos 1920, Freud dá novamente mais atenção a esse conceito ao rever sua teoria do aparelho psíquico no texto *Além do princípio do prazer* (1920/1996). Nesse trabalho, ele postula a ideia de uma espécie de vesícula viva que protegeria o organismo das excitações externas. Ainda na mesma década, em 1924, num artigo chamado *Uma nota sobre o bloco mágico*, Freud finalmente dá seus contornos finais ao que entende ser o funcionamento desse aparelho protetivo.

Como tentáculos que de tempos em tempos se ligariam ao mundo exterior, as percepções do sujeito abasteceriam seu mundo interno e subjetivo com amostras da realidade. A cada investida, a pessoa seria como que imunizada em pequenas doses de excitações do exterior, que poderiam se tornar excessivas caso fossem percebidas pela primeira vez sem aviso prévio ou um repertório simbólico para recebê-las.

Esse conceito se articula no diálogo entre o corpo e o psiquismo, e por isso mesmo foi fundamental no posterior desenvolvimento de todo o campo da psicossomática. Essa contribuição freudiana também auxiliou o trabalho dos autores da chamada escola inglesa de psicanálise, principalmente no que tange às relações entre mãe-bebê na constituição do psiquismo. Seria a mãe, ou um cuidador primordial do bebê, o responsável pela iniciação desse sistema protetivo desde o nascimento. Um exemplo banal, cotidiano e apenas metafórico seria encontrado no imaginário popular que fazemos das mães avisando aos filhos para levarem um casaco ou um guarda-chuva ao saírem de casa. Ao antecipar um problema ao filho, a mãe estaria incutindo nele um sinal de aviso e um repertório simbólico; caberia a esse filho, futuramente, antever sinais de frio ou chuva e se preparar para os eventos, não sendo pego desprevenido.

A falha na constituição desse sistema pode advir da escassez ou excesso na relação mãe-bebê: seja pela mãe que nada avisa ao filho, deixando-o à mercê de uma sucessão de eventos excessivos ao seu incipiente psiquismo, seja por aquela que toma a dianteira e não o deixa entrar em contato com os estímulos, não o preparando para as adversidades. O sujeito que não foi capaz de criar um sistema protetivo próprio sempre dependerá de um outro; diante da ausência dessa proteção externa, aos poucos, suas defesas vão se tornando mais rígidas para dar conta dos perigos, e seu psiquismo se fecha ao mundo externo como se houvesse um tecido morto entre o mundo e suas percepções, um tecido incapaz de fazer trocas, impossibilitado de se afetar.

Na clínica psicanalítica, o fenômeno desse sistema protetivo nos aparece tanto no seu aspecto mais evidente quanto nas sutilezas das histórias dos pacientes e na forma como eles nos contam suas experiências. De um lado, encontramos sujeitos que logo se mostram como que incapazes de sentir seus afetos, convidando o analista muitas vezes para um jogo de palavras apenas intelectual, no qual as falas do analista parecem não produzir efeito. A análise pode parecer se desenvolver bem, o paciente articula ideias, mostra-se aparentemente atento, bem enquadrado pelo contrato das sessões, mas se percebe, ao longo do tempo, que a troca entre a dupla analítica é infértil, que o paciente não se sente encorajado para mudar aspectos que o levam ao sofrimento. Normalmente, esses pacientes relatam como seus casos amorosos logo se tornam sem graça, seus amigos parecem objetos úteis, que cumprem apenas funções em sua vida, e a análise se desenrola apenas como uma tarefa a ser cumprida, na maior parte das vezes com zelo, mas sem afetação.

Vemos, nesses casos, um sistema protetivo generalizado, que resiste em abrir brechas. Do outro lado, encontramos manifestações mais pontuais, sutis ou localizadas do sistema para-excitações. Pacientes que estão às voltas com uma prova importante, por exemplo, podem relatar sonhos em que fracassam no teste, como se estivessem se preparando não apenas para as questões da prova, mas para um possível fracasso.

Ilustrações clínicas podem ajudar a entender o fenômeno. Uma paciente em cuja casa a sexualidade tinha se tornado um assunto tabu, relegado apenas às explicações científicas, acabou por criar um sistema de crenças e ideologias sobre o amor que a impedia de ter qualquer relação sexual que não se desenvolvesse numa paixão amorosa desenfreada, em que a pessoa logo se infiltrava em todos os aspectos de sua vida, tornando-se rapidamente um objeto intrusivo e posteriormente odiado, que precisava ser expulso com a mesma rapidez com que entrara. Dessas relações, a paciente legava apenas a marca do incômodo e uma sensação de que era incapaz de fazer boas escolhas amorosas. Ao transformar o desejo sexual num grande amor para toda a vida, seu sistema de defesa a impedia de falar sobre sua sexualidade, de elaborar e dar significado à sua excitação, e a fazia ocupar as sessões com longas palestras filosóficas sobre a essência do amor ou suas manifestações neuroquímicas. Assim, ela se desvencilhava da excitação antes de poder senti-la, como se habitasse um *bunker* isolado do mundo.

Uma outra paciente, em certo momento de sua análise, ofereceu uma amostra muito sofisticada de como seu sistema a estava protegendo de uma grande excitação e, ao mesmo tempo, permitindo que ela entrasse em contato com o estímulo. Ao perceber que teria de comparecer no dia seguinte a um evento de trabalho que exigiria dela não apenas um imenso esforço físico, como também uma retomada de antigas questões importantes, disse-me, brincando, "Amanhã eu não fui". Ela iria, mas iria preparada, como se estivesse em parte presente e em parte ausente, protegida. Aqui, o sistema tanto a protegia como a encorajava a seguir adiante.

Assim como na vida cotidiana, o sistema para-excitações se apresenta a todo instante nas sessões analíticas, modulando o prazer e o desprazer sentido pelo sujeito ao entrar em contato com os estímulos do mundo.

Referências e indicações de leitura

Freud, S. (1895/1996). Projeto para uma psicologia científica. In S. Freud, *Edição Standard Brasileira das Obras Psicológicas Completas de Sigmund Freud* (Vol. I). Rio de Janeiro: Imago.

Freud, S. (1920/1996). Além do princípio do prazer. In S. Freud, *Edição Standard Brasileira das Obras Psicológicas Completas de Sigmund Freud* (Vol. XVIII). Rio de Janeiro: Imago.

Freud, S. (1924/1996). Uma nota sobre o bloco mágico. In S. Freud, *Edição Standard Brasileira das Obras Psicológicas Completas de Sigmund Freud* (Vol. XIX). Rio de Janeiro: Imago.

McDougall, J. (1991). *Teatros do corpo*. São Paulo: Martins Fontes.

Volich, R. M. (2000). *Psicossomática: de Hipócrates à Psicanálise*. São Paulo: Casa do Psicólogo.

11. O conceito de repetição em Freud

Marianna Tamborindeguy de Oliveira

O conceito de repetição é construído por Freud a partir da experiência clínica e é pensado por ele de modos diversos em 1914, em *Recordar, repetir e elaborar*, e em 1920, no texto *Além do princípio de prazer*, apontando para níveis diferentes de funcionamento psíquico que se expressam por intermédio desse fenômeno: o funcionamento simbólico sob a lógica do princípio de prazer e o funcionamento para além do princípio de prazer. Esquematicamente, é possível dizer que o primeiro modo de repetição apresenta o retorno do recalcado e tem como destino a subjetivação, enquanto o segundo está mais relacionado à descarga e ao que não é possível inscrever no aparelho psíquico.

Em 1914, a repetição é definida como uma recordação em ato que o paciente não pode expressar com palavras e é dito de outro modo. O que foi esquecido ou recalcado pelo analisante não retorna sob a forma de recordação, mas não deixa de se expressar. Manifesta-se em ação enquanto uma repetição que não é sabida pelo sujeito enquanto tal. Freud (1914/1996) exemplifica essa dimensão a partir da transferência, quando o analista é incluído em uma das séries psíquicas do cliente, tornando-se objeto de investimento libidinal. Como exemplo, descreve um homem que não recorda ter sido desafiador e crítico em relação à autoridade dos pais e comporta-se dessa maneira com seu analista. Relaciona-se assim, sem saber, com qualquer figura de autoridade que encontra em sua vida. Vale lembrar que Freud nos diz que cada indivíduo adquiriu "um método específico próprio de conduzir-se na vida erótica" (1912/1996, p. 111) e se aproxima de cada novo objeto que lhe aparece a partir de seus "clichês estereotípicos". É tarefa do analista, por meio do manejo da transferência, conduzir o que emerge como repetição para o campo da recordação.

Quando o paradigma é a repetição em 1914, a aposta é que esta poderá se ancorar em conteúdos representacionais e ser elaborada, encontrando um destino por intermédio do deslizamento pela equivalência simbólica. Assim, o que se repete são protótipos da experiência infantil, novas tentativas de inscrição dos conteúdos inconscientes, que abrem para a inclusão da diferença. Como ilustração clínica, podemos pensar em uma paciente cuja queixa se relaciona ao fato de fazer ligações amorosas com homens que a rejeitam de modo repetido, associando tal fenômeno ao abandono paterno precoce. A repetição em jogo nesses encontros responde a uma tentativa de elaboração da dimensão traumática de sua relação com o progenitor. O retorno do recalcado, portanto, apresenta uma potencialidade de simbolização e pode ser pensado ao mesmo tempo como exigência e produto de um trabalho psíquico.

Já em 1920, a repetição se apresenta em outra dimensão, enquanto falha de elaboração que não encontra outro modo de expressão senão a descarga, sendo tomada como testemunha da pulsão de morte e abrindo espaço para a construção de uma nova tópica. O modelo da representação será substituído pelo modelo da descarga pulsional, alvo mais primitivo do psiquismo (Green, 2010).

O recalque não é o termo mais originário, mas a repetição, que pode mesmo ser tomada como um princípio do aparelho mental. A compulsão à repetição fará Freud questionar a dominância do princípio de prazer, questão que incide diretamente sobre o modo de funcionamento do aparelho psíquico. Esse princípio, até então hegemônico, só poderá estabelecer um ritmo de regulação econômica se o nível de excitações se mantiver relativamente estável no psiquismo. A prioridade do psiquismo é processar, enlaçar, dominar a excitação, mais que buscar prazer (Freud, 1920/2006).

O problema clínico de 1914, a repetição como obstáculo à rememoração, se desdobra em 1920 em um problema teórico-clínico: uma repetição demoníaca, que denuncia um modo de funcionar do psiquismo anterior e mais primitivo que o princípio de prazer (Tamborindeguy & Winograd, 2019). Diz respeito à passagem de um repetir atrelado ao retorno do recalcado, tal qual descrito em 1914, para uma repetição que atende à tendência pulsional, para além do princípio econômico regulador do aparato psíquico, o princípio de prazer. O que se repete em 1920, portanto, é da ordem de um excesso pulsional que não se inscreve e, por essa razão, se repete indefinidamente, em busca de um destino.

Não é por acaso que os sonhos da neurose traumática são o melhor exemplo para essa repetição de 1920, em que o conteúdo onírico se apresenta exatamente igual, não se deixando tocar pelas vicissitudes do trabalho psíquico. O que se repete é o mesmo sonho, que produz o mesmo susto. Há algo que não se deixa apreender pelo movimento incessante da cadeia associativa. Devemos lembrar que, à medida que esses sonhos remetem os doentes de volta à situação do acidente, não estão a serviço da realização do desejo. O sonho apresenta o que não consegue ser tramitado psiquicamente, repete-se enquanto tal, até que ganhe um destino. Ao mesmo tempo, portanto, que essa repetição testemunha o fracasso do processamento, apresenta-se como um empuxo que obriga ao trabalho psíquico por meio da tentativa de ligação do excesso pulsional.

Curiosamente, ainda que Freud legitime a repetição em 1920 como tendência humana, associando-a ao pulsional, o recurso clínico para o trabalho com as diversas faces da compulsão à repetição se mantém o mesmo, a saber, a inscrição do inassimilável em um psiquismo representacional. Enquanto a repetição de 1920 testemunha um momento anterior, em que é preciso dominar uma intensidade para iniciá-la na teia de representações, a repetição de 1914 já se encontra inscrita neste registro.

Referências e indicações de leitura

Freud, S. (1912/1996). A dinâmica da transferência. In S. Freud, *Edição Standard Brasileira das Obras Psicológicas Completas de Sigmund Freud* (Vol. XI). Rio de Janeiro: Imago.

Freud, S. (1914/1996). Recordar, repetir e elaborar. In S. Freud, *Edição Standard Brasileira das Obras Psicológicas Completas de Sigmund Freud* (Vol. XII). Rio de Janeiro: Imago.

Freud, S. (1920/2006). Além do princípio de prazer. In S. Freud, *Obras Psicológicas de Sigmund Freud*, (Escritos sobre a psicologia do inconsciente, Vol. II) Rio de Janeiro: Imago.

Green, A. (2010). *O trabalho do negativo*. Porto Alegre: Artmed.

Tamborindeguy, M., & Winograd, M. (2019) *Por uma negatividade necessária: trauma, repetição e pulsão de morte*. Curitiba: Appris.

12. Três modelos do trauma

Marianna Tamborindeguy de Oliveira

Quando tratamos do conceito de trauma em Freud, temos de pensar em faces do trauma para dar conta da complexidade em jogo. Isso para acentuar a ideia de que estamos trabalhando diversos aspectos de um mesmo conceito, recoberto por distintas teorias ao longo da obra. Podemos pensar em traumas qualitativamente diferentes, com consequências diversas. Há aqueles que desorganizam o funcionamento psíquico ao nível dos investimentos objetais, os que desorganizam a constituição do narcisismo, bem como aqueles que participam da gênese e da organização do infantil, da pulsão e do desejo, apontando para a potencialidade traumática na base de todo o funcionamento psíquico (Bokanowski, 2005).

Se quisermos pensar uma natureza do traumático comum a todos os modelos, diremos que esta deve ser pensada como a impossibilidade de inscrição do trauma no complexo representacional do sujeito, provocando um transbordamento de excitações capaz de modificar o regime de funcionamento mental. O psiquismo terá de buscar soluções para o excesso pulsional. Se o trauma é capaz de modificar as narrativas do indivíduo e sua forma de estar no mundo, à medida que desestabiliza as construções vigentes, pode também gerar um efeito paralisante dos processos de simbolização. Esses efeitos vão depender de uma série de fatores complementares, que levam em consideração as possibilidades subjetivas daquele que foi impactado pelo traumático. Apenas o sujeito em sua singularidade poderá determinar o que para ele foi excessivo.

O *primeiro modelo* abarca a teoria da sedução e suas modificações, a partir de 1905, ano de nascimento do conceito de sexualidade infantil. Podemos generalizar que a sexualidade é a problemática central, na medida em que é preciso responder às suas exigências. A teoria da sedução descreve um atentado sexual sofrido pela criança de forma passiva, apresentando-se em dois tempos. No primeiro tempo se desenrola a cena de sedução, quando a criança é investida sexualmente por um adulto, sem que este atentado lhe origine qualquer excitação de natureza sexual, pois ela não dispõe das representações para integrar o evento. Será apenas em um segundo tempo, anos depois, que outra cena aparentemente inócua virá evocar a primeira por algum traço associativo, desencadeando o trauma, *a posteriori*.

Como exemplo, podemos destacar o caso Emma (Freud, 1895/1996), que apresenta a seguinte sequência: um acontecimento potencialmente traumático foi registrado sem ser tratado (assédio sexual sofrido aos 8 anos, perpetrado pelo proprietário de uma loja de doces). Mais tarde, surge um segundo acontecimento que desperta a marca antiga, por associação, conferindo-lhe sua força traumática (riso dos vendedores da loja que a assusta aos 12 anos, remetendo ao sorriso do proprietário). É a lembrança da primeira cena que, ao deflagrar a intensificação da excitação sexual, surpreende o eu e faz como que este coloque em ação uma defesa, a saber, o recalque (Laplanche & Pontalis, 2004).

Se até 1905 era um atentado sexual realmente ocorrido que causava o traumatismo, com a descoberta da sexualidade infantil, o dado de realidade é deixado de lado para que o caráter perverso polimorfo da pulsão sexual passe a representar a função que o trauma ocupava na teoria da sedução. As exigências libidinais do próprio sujeito passam ao primeiro plano e vão se materializar no conflito psíquico. É a ação da pulsão sexual, portanto, que promove a desorganização psíquica. Mas também é a força pulsional que, ao pressionar o psiquismo, permite que este possa organizar a vida fantasmática do sujeito, articulando a representação do evento traumático à estruturação das fantasias originárias. Note que o conceito de trauma sofre um apagamento em favor da noção de conflito psíquico. O traumatismo, assim, se apresenta como um organizador dos processos de simbolização, do objeto interno e dos fantasmas inconscientes.

O *segundo modelo*, por sua vez, diz respeito à caracterização do trauma, como feita em *Além do princípio de prazer*. Freud (1920/2006) sustenta o traumático como efração súbita do psiquismo em função de excitações violentas que sobrevêm por conta de um acontecimento-limite inassimilável, formulações que decorrem das reflexões acerca da neurose traumática, quadro em que o sujeito repete compulsivamente a vivência do trauma, quase de modo alucinatório. Freud se depara com esse fenômeno na clínica, ao analisar casos de soldados que haviam combatido na Primeira Guerra Mundial e se queixavam de sonhar repetidamente com o momento de maior sofrimento vivido no front. Aponta-se aqui para um aspecto desestruturante do excesso, pois, à medida que a excitação não consegue ser tramitada pelo psiquismo, a lógica de funcionamento do princípio de prazer é dissolvida e entra em ação a compulsão à repetição, em um esforço simultâneo de descarga e domínio do que não se inscreve.

Importa sublinhar que não se trata de retomar o traumático desencadeado por um acontecimento factual, conforme a teoria da sedução, há muito tempo deixada de lado. O que torna a experiência de choque efetivamente traumática diz respeito à estimulação pulsional que o psiquismo recebe, contra a qual não há escudo protetor eficaz. O excesso se faz pela ação da pulsão de morte, que, enquanto elemento irrepresentável, convoca o psiquismo para o trabalho de ligação disso que se apresenta. Pensa-se o trauma aqui como algo que escapa ao sexual e à representação.

Por fim, o *terceiro modelo* é construído em 1939 com *Moisés e o monoteísmo,* cuja lógica aponta para o comprometimento de um nível mais precoce, aquele dos investimentos narcísicos e da constituição do eu (Bokanowski, 2005). Freud dará lugar à reflexão sobre a incidência precoce do traumatismo e suas possíveis consequências, bem como à ideia de um trauma originário constitutivo da subjetividade humana. Portanto, trata-se da problemática do trauma em um momento em que o eu está se formando e a linguagem ainda não está estabelecida. Desse modo, se há um trauma original, que organiza o psiquismo de forma a marcar sua dependência do outro, Freud (1939/1996) também vai trabalhar a ideia de traumas precoces, com efeitos desestruturantes. É preciso marcar a diferença entre um trauma constitutivo da subjetividade, aspecto estrutural, necessário e inevitável da condição humana, e traumas contingentes, cujos efeitos podem ser subjetivantes ou dessubjetivantes.

Referências e indicações de leitura

Bokanowski, T. (2005). Variações do conceito de traumatismo: traumatismo, traumático, trauma. In *Revista Brasileira de Psicanálise*, vol. 39(1)27-38.

Freud, S. (1895/1996). Projeto para uma psicologia científica. In S. Freud, *Edição Standard Brasileira das Obras Psicológicas Completas de Sigmund Freud* (Vol. I). Rio de Janeiro: Imago.

Freud, S. (1896/1996). A hereditariedade e a etiologia das neuroses. In S. Freud, *Edição Standard Brasileira das Obras Psicológicas Completas de Sigmund Freud* (Vol. III). Rio de Janeiro: Imago.

Freud, S. (1920/2006). Além do princípio de prazer. In S. Freud, *Obras Psicológicas de Sigmund Freud* (Escritos sobre a psicologia do inconsciente, Vol. II). Rio de Janeiro, Imago.

Freud, S. (1939/1996). Moisés e o monoteísmo: três ensaios. In S. Freud, *Edição Standard Brasileira das Obras Psicológicas Completas de Sigmund Freud* (Vol. XXIII). Rio de Janeiro: Imago.

Laplanche, J., & Pontalis, J.-B. (2004). *Vocabulário da Psicanálise.* São Paulo: Martins Fontes.

13. Mal-estar na cultura

Lucianne Sant'Anna de Menezes

O mal-estar na cultura refere-se a uma noção freudiana desenvolvida no ensaio *O mal-estar na civilização* (1930/2010) (*Das Unbehagen in der Kultur*[1]), escrito e publicado em 1929, dias antes do colapso da Bolsa de Valores de Nova Yorque, época da ascensão do partido de Hitler na Alemanha.

Freud (1930/2010) reflete sobre os impasses que a civilização criou para o sujeito, já que este é obrigado a uma renúncia pulsional[2] como condição de viver em sociedade e, como consequência da satisfação pulsional frustrada, o sujeito experimenta um desconforto que é sentido como um *mal-estar*. Assim, no antagonismo irremediável entre as exigências pulsionais e as restrições da civilização,

---

1 Em alemão, *Das Unbehagen in der Kultur*. A tradução correta da palavra *Kultur* é controversa. Contudo, o próprio Freud (1927/2014) declara: "desprezo ter que distinguir entre cultura e civilização" (p. 4). Aqui, o uso dos vocábulos segue a ideia freudiana.

2 Relativo à pulsão (*Trieb*), carga energética (pressão ou força) que é fator de motricidade do organismo e do funcionamento psíquico inconsciente dos seres humanos. Conceito essencial ligado aos de libido e narcisismo, três eixos da teoria freudiana da sexualidade.

Freud demonstra que a relação do sujeito com a cultura é marcada por um mal-estar, pois é permeada pelo conflito e pela impossibilidade de resolvê-lo totalmente. Esse conflito incurável é constitutivo da condição subjetiva do humano, sendo o desamparo (*Hilflosigkeit*) a base dessa condição. Isso implica que as manifestações da subjetividade se dão em relação ao que Freud chamou de mal-estar na cultura, mal-estar este constitutivo da sociedade.

Do ponto de vista da problemática da dupla face do desamparo na obra freudiana, o mal-estar diz respeito à face da total falta de garantias e de proteção na experiência de ser e existir do sujeito no mundo, desenvolvida nesse ensaio de 1930, porém iniciada em *O futuro de uma ilusão* (1927); a outra face é a erótica e sexual, relativa a um lugar infantil e à sexualidade traumática vinda da mãe – o desamparo original estruturante do psiquismo, desenvolvido em *Inibição, sintoma e angústia* (1926), em que Freud correlaciona o desamparo à angústia originária e suas transformações posteriores: medo da perda do amor, angústia de castração, angústia do superego e angústia de morte. A angústia originária é ligada ao trauma do nascimento e à fragilidade e à dependência do recém-nascido em relação à mãe, influência decisiva na fundação e na estruturação do psiquismo voltado a constituir-se inteiramente na relação com o outro (Menezes, 2012).

O desamparo seria o que instaura o mal-estar nas relações entre os seres humanos. O homem ergueu a civilização numa tentativa de diminuir seu desamparo diante das forças da natureza, dos enigmas da vida e, sobretudo, da própria morte (Freud, 1927/2014). A posição do sujeito é submetida a uma condição de desamparo que diz respeito à condição de incompletude, de limite, da solidão, do imprevisível, do inominável do resto pulsional. A essência do mal-estar na cultura, conforme Freud (1930/2010) desenvolveu, deve ser remetida ao "sentimento de desamparo", contexto em torno do qual giram os destinos do fluxo pulsional. Por exemplo, sentimentos de solidão, de desalento, de ameaças à integridade corporal, de impotência, dentre outros.

No livro, Freud (1930/2010) começa abordando a questão do objetivo da vida dos homens, que é a busca da felicidade e sua manutenção eterna. Entretanto, logo parte para a experiência cotidiana da infelicidade dos homens e suas formas de evitá-la. Marca que o sofrimento nos ameaça a partir de três direções: a fragilidade e a decrepitude do próprio corpo; a magnitude das forças da natureza com a qual não podemos lidar e o relacionamento mútuo entre os seres humanos na família, no Estado e na sociedade, o tipo mais doloroso de todos. Até que entra a fundo no seu propósito fundamental, anunciando que a fonte do sofrimento humano tem origem no social e deriva de nosso pertencer à civilização. A civilização, ao exigir tanta renúncia à satisfação de nossas necessidades, acaba por se transformar na causa da proliferação de nossos sofrimentos. A meta de tornar-se feliz imposta pelo princípio do prazer não pode ser realizada. A felicidade é um problema de economia da libido, e no exame de suas possibilidades de obtenção deve ser considerada a relação entre narcisismo e libido objetal. Quer dizer, como o sujeito distribui sua libido nos objetos, inclusive o próprio eu.

As restrições aplicadas pela civilização à manifestação das pulsões são explicadas pela ação da pulsão de morte enquanto pulsões agressivas, destrutivas e de domínio, fundamentalmente ligadas ao narcisismo e ao desejo de onipotência. Freud (1930/2010) esclarece que o problema a ser enfrentado é saber "como afastar o maior obstáculo à cultura, o pendor constitucional dos homens para a agressão mútua" (p. 76).

No questionamento sobre as formas utilizadas pela civilização para domar a agressividade intrínseca ao humano, diz que "o preço do progresso cultural é a perda da felicidade pelo acréscimo do sentimento de culpa" (Freud, 1930/2010, p. 68). A origem do sentimento de culpa está no desamparo original (*Hilflosigkeit*) e em outras etapas de desenvolvimento e "não passa claramente de medo da perda do amor, medo [angústia] 'social'" (p. 60). E "é fácil conceber que também a consciência [sentimento] de culpa produzida pela cultura não seja reconhecida como tal e permaneça inconsciente ou venha à luz como um mal-estar, uma insatisfação para a qual se busca outras motivações" (p. 69).

O mal-estar na civilização é considerado a leitura de Freud sobre a modernidade (Birman, 2020). Mas, a modernidade não promoveu a superação do mal-estar, resultado do excesso de ordem e da escassez de liberdade. Ao contrário, na sua máxima radicalização, o que fez foi reconfigurá-lo. O mal-estar atual é efeito da desregulamentação e do excesso de liberdade individual (privatização), é fruto do excesso pulsional e da fragilidade de simbolização e, nesse sentido, tem uma marca essencialmente traumática (Menezes, 2006).

Como exemplo, uma analisante que teve dois episódios de pânico: aos 18 anos, após ter de se separar da mãe para estudar em outra cidade; outro depois do nascimento da filha, o que fez com que sua mãe viesse cuidar dela. Ser tomada pelo pânico atesta a angústia despertada pelo desabamento da ilusão de um ideal protetor onipotente (mãe), que garantia a estabilidade do mundo psíquico organizado, longe da falta de garantias e de indefinições. Instalou-se uma situação de desamparo do seu psiquismo frente ao resto pulsional que não pode ser simbolizado, também compreendida como um dos efeitos do mal-estar atual (Menezes, 2006).

Referências e indicações de leitura

Birman, J. (2020). *Mal-estar na atualidade: a psicanálise e as novas formas de subjetivação.* 15a ed. Rio de Janeiro: Civilização Brasileira.

Freud, S. (1927/2014). *O futuro de uma ilusão.* In S. Freud, *Obras Completas* (Vol. 17, pp. 13-123). São Paulo: Companhia das Letras.

Freud, S. (1930/2010). *O mal-estar na civilização.* In S. Freud, *Obras Completas* (Vol. 18, pp. 9-89). São Paulo: Companhia das Letras.

Menezes, L. S. de (2006). *Pânico: efeito do desamparo na contemporaneidade. Um estudo psicanalítico.* São Paulo: Casa do Psicólogo/FAPESP.

Menezes, L. S. de (2012). *Desamparo.* 2a ed. São Paulo: Casa do Psicólogo. (Coleção Clínica Psicanalítica)

LOU ANDREAS-SALOMÉ
(1861-1937)

14. O erotismo

Paula Regina Peron

Lou Andreas-Salomé escreveu sobre amor, religião e outros temas em literatura ficcional, além de textos sobre Nietzsche, Rilke e psicanálise, e seu universo de interesses permite um panorama de seu tempo e da construção das ideias psicanalíticas. Escolhemos o erotismo para nossas leituras clínicas sobre as questões da sexualidade, onipresentes nos divãs. Vemos sua independência de pensamento, então restrita aos homens, e optamos por apresentar *Die Erotik* (1910/2012), um dos primeiros artigos escritos por mulheres nas revistas acadêmicas alemãs (Del Nevo, 2012, p. VIII).

Lou Andreas-Salomé conheceu Freud em 1911 e, sem ela, a "psicanálise não teria se desenvolvido teoreticamente da forma como fez" (Del Nevo, 2012, p. XIII, tradução nossa). Escolhemos um texto anterior a isso para dar visibilidade à sua liberdade de pensar, o qual antecipa elementos freudianos e de nosso presente e apresenta as vicissitudes do erotismo. Muitos dos problemas foram explorados em *Reflexões sobre o problema do amor*, de 1900, mas será no texto *Anal e sexual* (1916/2003) que ela descreverá sua teoria psicanalítica da sexualidade anal.

Die Erotik começa apontando que "o erótico parece resistir a definição imediata, suspenso como está entre o físico e o espiritual" (Andreas-Salomé, 1910/2012, p. 50, tradução nossa) e teria como origem a sexualidade, uma consequência das excitações presentes no corpo da criança, ativada por estimulações externas que "são tão violentas e, para a criança, ainda tão novas" (p. 53). Não há publicações de Salomé tratando exclusivamente de casos clínicos, mas aparecem na correspondência com Freud, na qual encontramos o caso de uma menina de 6 anos com terror noturno, com sonhos sobre incêndios, ataques assassinos, sangue, rãs e vermes, aos quais a psicanalista se refere como "ingredientes típicos de sonhos sexuais femininos" (Freud & Andreas-Salomé, 1966/1975, p. 95), acentuando que não parecia haver algo na história da garota que justificasse os conteúdos. Freud responde que "Não existe fumaça sem fogo. Portanto, é impossível que a menina não tenha experimentado alguma coisa que determinou o seu pavor. . . . Mas o que a sua pequena paciente experimentou não precisa ter sido necessariamente nada de mais ou algo fora do comum" (p. 97), indicando a presença excessiva, do ponto de vista psíquico e corporal, das excitações sexuais infantis.

A criança nasce da fusão dos pais e permanece nela até que as fragmentações e contradições externas possam ser vistas. As manifestações de amor posteriores anseiam por voltar para o estado inicial de indiferenciação e indivisão e os amantes sofreriam dos ecos desse estado, que buscam reconstituir no ato sexual, na ilusão do "paraíso perdido" (Andreas-Salomé, 1910/2012, p. 50). O amor configura um campo imaginário, "pois, para ele, não somos um mundo de realidade, somos apenas o espaço e o encenador de seu mundo onírico, todo poderoso, irresistível" (Andreas-Salomé, 1900-1910/1991, p. 92).

Lou antecipa ponderações que explora em *Narcisismo como dupla direção*, de 1921, em que afirma que os objetos são sempre representantes para a "abundância inexprimível daquilo que está inconscientemente conectado a ele" (Andreas-Salomé, 1921/2021, p. 32). Ela defende que "é sempre a partir do nosso próprio narcisismo que se produzem . . . também as elaborações mais espirituais e mais transformadoras" (p. 37). O erotismo pode "adaptar-se para servir a vida em qualquer circunstância possível" (p. 56) e permanece em todas as experiências da vida corporal.

Ele ocupa posição intermediária entre o egoísmo e o altruísmo, em um jogo interno entre o "animal isolado e a criatura fraternal" (Andreas-Salomé, 1910/2012, p. 79), e estaria enraizado na existência, ideia presente em *Reflexões sobre o problema do amor*, em que ela afirma que "toda a atividade criativa do espírito pode ser fortemente influenciada, por vezes mesmo exaltada, pelo erotismo, até em domínios prática ou abstratamente muito distantes de qualquer interesse pessoal" (Andreas-Salomé, 1900-1910/1991, p. 89). As questões sexuais estão frequentemente presentes de forma central no pensamento clínico de Lou, como depreendemos dos comentários feitos a Freud em suas correspondências, como no caso de uma jovem que não podia sair de casa, com sintomas físicos de dor e fantasias eróticas (que diminuíram com o estabelecimento dos sintomas físicos) ligadas "ao amor homossexual" (Freud & Andreas-Salomé, 1966/1975, p. 125) e "todo o complexo de Édipo" (p. 124).

O erotismo faria presença nas artes e, para Lou, o artista é estimulado pelo erotismo em sua produção imaginativa, e há entre o erotismo e a arte um profundo parentesco. Se a sexualidade deriva do que é mais arcaico e de sua memória corporal, o artista criativo transforma a sabedoria herdada em reminiscências pessoais. Criação, adoração e alegria estão sempre conectadas e teriam relação com a religião. Em minha experiência clínica, as relações com a arte estabelecidas por pacientes apresentam grandes efeitos psíquicos, não somente em pacientes artistas, produzindo em muitos casos o campo necessário para novas ligações psíquicas, que por sua vez atingem as construções sintomáticas, modificando-as.

Uma antecipação da noção de desejo e seus embates aparece no chamado princípio da infidelidade, baseado na "lei de que toda a existência animal assegura que a intensidade da excitação diminui com cada repetição" (Andreas-Salomé, 1910/2012, p. 57). O princípio postula o desejo pelo prazer transitório e rejeita a constância e a permanência, buscando relações vitais sempre mais poderosas e conexões com "a esfera comunitária de interesses" (p. 58).

Embora fale das diferenças entre homens e mulheres, postula que "quanto mais fundo procuramos sua origem [do self], as linhas entre os dois sexos devem se encontrar" (Andreas-Salomé, 1910/2012, p. 91), em permanente engendramento, o que explora em *O ser humano como mulher* (1899/1991), em que pondera sobre a vida psíquica e social de homens e mulheres. Ao comentar o caso citado da jovem que não podia sair de casa, observa como, na relação com a mãe, aparece na jovem e em suas irmãs um reconhecimento da lealdade, do autossacrifício, da honestidade e da eficiência maternais, junto com anseios por uma maior independência pessoal, em uma grande ambivalência (Freud & Andreas-Salomé, 1966/1975, p. 124), como vemos em muitas de nossas pacientes mulheres, filhas de mulheres dedicadas ao ambiente doméstico. Por outro lado, sobre o caso de um jovem paciente inibido e melancólico, observa que o "serviço de guerra, que durou vários anos, provou ser de uma ajuda efetiva, impelindo-o a agir" (Freud & Andreas-Salomé, 1966/1975, p. 130), apontando para as diferentes saídas mais típicas da mulher e do homem de sua época, ainda presentes do anacronismo psíquico de nossas e nossos pacientes.

Referências e indicações de leitura

Andreas-Salomé, L. (1899/1991). El ser humano como mujer. In A. M. Alizade (Ed.), *Voces de femineidad*. Buenos Aires: Amorrortu.

Andreas-Salomé, L. (1900-1910/1991). *Reflexões sobre o problema do amor e O Erotismo*. São Paulo: Landy.

Andreas-Salomé, L. (1910/2012). *The erotic*. New Jersey: Transaction Publishers.

Andreas-Salomé, L. (1916/2003). "Anal e sexual". In Associação Psicanalítica de Porto Alegre (Org.), *A necessidade da neurose obsessiva* (pp. 91-117). Porto Alegre: APPOA.

Andreas-Salomé, L. (1921/2021). *Narcisismo como dupla direção*. Porto Alegre: Artes & Ecos.

Freud, S., & Andreas-Salomé, L. (1966/1975). *Correspondência completa*. Rio de Janeiro: Imago.

VICTOR TAUSK (1879-1919)

15. Aparelho de influenciar

Claudia Henschel de Lima

Victor Tausk escreveu o artigo *Acerca de la génesis del aparato de influir em el curso de la esquizofrenia* (1919/2017) para apresentar, nas sessões de 6 e 30 de janeiro de 1919 da Sociedade Psicanalítica de Viena, a estrutura e a evolução de uma variante rara do delírio de influência na esquizofrenia: o aparelho de influenciar. A especificidade dessa elaboração reside, precisamente: 1) na hipótese de que o aparelho de influenciar é uma fase evolutiva do delírio de influência, que pode ocorrer sem a formação delirante da máquina; 2) na ruptura com a psiquiatria clínica da época, que se concentrava na descrição de quadros complexos sem atribuir maior significação aos sintomas isolados e sem, consequentemente, determinar o quadro evolutivo do delírio.

O aparelho de influenciar é uma máquina de natureza mística, construída pelo delírio, composta por caixas, manivelas, alavancas, rodas, botões, fios, bateria, que normalmente não são bem situados e definidos pelo paciente, apenas podendo ser evocados por meio de alusões. Nem sempre o paciente pode reconhecer o aparelho, referindo-se a ele como uma influência psíquica estranha, sugestão ou força telepática (Tausk, 1919/2017).

Para avançar na definição do aparelho de influenciar e localizá-lo em uma escala evolutiva do delírio, Tausk se apoia em dois estudos: o caso Emma A. e o caso Natalia.

No caso Emma A., Tausk identifica a ocorrência de um sentimento de influência insólito e muito preciso: a paciente afirmava que seus olhos não estavam corretamente localizados em seu rosto, que haviam sido virados, torcidos, e que isso se devia ao fato de que seu amante era um hipócrita, um mentiroso, um "virador de olhos". A pacente relata que, em uma de suas idas à igreja, se sentira sacudida, como se alguém a estivesse mudando de lugar, e concluiu que seu amante era alguém que a enganava, que lhe havia transformado em uma pessoa má e parecida com ele. O caráter insólito do conjunto de fenômenos apresentado pela paciente reside no fato de que Emma não se sente perseguida ou influenciada por um inimigo ou máquina. A paciente apresenta um sentimento de influência por identificação ao perseguidor – no caso, o amante que a transformou em alguém semelhante a ele. A partir desse estudo de caso, Tausk localiza uma primeira fase do delírio caracterizada pela tentativa de projeção na realidade externa, por meio da identificação, dos sentimentos de transformação da personalidade, ainda estranhos à paciente, sem que ocorra a atribuição a um perseguidor situado a distância, na realidade externa.

O segundo estudo de caso, Natalia A., evidencia a formação do aparelho de influenciar como fase final da escala de formação do delírio de influência. A paciente de 31 anos, ex-estudante de filosofia, relata que há cerca de seis anos estava submetida a um aparelho elétrico, fabricado em Berlim e proibido pela polícia. O aparelho teria a forma de um corpo humano e, mais especificamente, a forma da paciente. Sua mãe e seus amigos estavam sob sua influência ou de outros aparelhos análogos a este. A paciente só consegue descrever a máquina à qual está submetida, ainda que afirme que os homens estão submetidos a um aparelho masculino e as mulheres, a um aparelho feminino. O tronco tem a forma de uma tampa de caixão em veludo ou feltro. Na primeira entrevista com Tausk, a paciente descreve os membros como segmentos do corpo. Na segunda entrevista, os membros estavam apenas esboçados sobre a tampa do caixão, em uma posição natural ao longo do corpo. Na terceira, já não existiam. Natalia não vê a cabeça e não sabe se o aparelho tem a mesma cabeça que a dela. Inicialmente, por ter sensações sexuais, atribuía órgãos genitais ao aparelho, mas, desde que deixara de ter sensações sexuais, ele já não mais os apresentava. Tudo o que ocorre no aparelho ocorre em seu próprio corpo: ela afirma, por exemplo, que o lúpus que tem no nariz havia sido produzido também no aparelho por meios apropriados e, como consequência disso, ela foi afetada. O interior do aparelho é feito de bateria elétrica. Um homem específico é mencionado como o manipulador, provocando secreções nasais, odores repugnantes, sonhos, pensamentos e sentimentos, perturbando suas palavras e sua escrita. Trata-se de um professor universitário, um pretendente desprezado por ela. Pouco tempo depois de ter recusado o pedido de casamento, Natalia teria sentido que o pretendente influenciava a ela e sua mãe por meio de sugestões – por exemplo, travar amizade com sua cunhada para que, sob a influência desta, Natalia aceitasse o pedido de casamento. Com o fracasso da sugestão, o pretendente recorrera ao aparelho de influenciar.

Tausk (1919/2017) destaca que o aparelho de influenciar de Natalia evidencia o processo evolutivo da formação delirante. Progressivamente ele se desnaturaliza, perdendo os sinais distintivos da forma humana para transformar-se em um aparelho de influenciar incompreensível: sem membros, sem forma tridimensional, apenas uma projeção em plano. E representa o próprio corpo da paciente.

Ambos os estudos de caso possibilitaram determinar a escala evolutiva do delírio de influência e situar o aparelho de influenciar como o ponto final da evolução do quadro sintomático da esquizofrenia. No que se refere a essa escala evolutiva, Tausk (1919/2017) identifica três fases:

- Fase 1 – Irrupção de sensações inomináveis de transformação corporal.
- Fase 2 – Delírio de influência: o paciente localiza na realidade, o agente responsável por essas sensações.
- Fase 3 – Emergência do aparelho de influenciar.

A ordenação das fases do delírio de influência revela a evolução do processo mórbido na esquizofrenia, desde a irrupção de sensações inomináveis de transformação, típicas do processo de retração pulsional em relação ao investimento em pessoas e coisas, até a desfiguração da imagem humana e a emergência de uma máquina, um aparelho difuso e desespecificado, conforme está exposto na Quadro 15.1.

Quadro 15.1 – Estrutura do aparelho de influenciar

Apresenta imagens ao sujeito, como uma lanterna mágica, um cinema: as imagens são vistas em um só plano, projetadas em muros e nos vidros. Essas características as diferem das alucinações visuais, que são tridimensionais.
Produz e subtrai pensamentos e sentimentos por meio de ondas, raios e forças ocultas. Seu mecanismo é inexplicável, mas sua função consiste em possibilitar que o perseguidor transmita ou subtraia pensamentos e sentimentos.

Produz ações motoras no corpo do paciente, ereções e poluções. Essas últimas teriam a função de privar o paciente de sua potência viril e debilitá-lo. Esse efeito pode também ser produzido por meio de sugestão, correntes elétricas ou magnéticas e raios X.
Produz sensações indescritíveis porque são estranhas ao paciente; outras sensações são experimentadas pelo paciente como se fossem correntes elétricas, magnéticas ou atmosféricas.
Responsável por outros fenômenos somáticos, como erupções cutâneas, furúnculos e outros processos mórbidos.

Fonte: adaptado de Tausk (1919/2017).

O conceito de Tausk abriu caminho para uma leitura psicopatológica do delírio de influência na esquizofrenia, destacando o papel da regressão narcísica, pela retração do investimento pulsional, a desespecificação dos limites do eu e sua projeção na forma de um aparelho.

Referências e indicações de leitura

Tausk, V. (1919/2017). Acerca de la génesis del aparato de influir en el curso de la esquizofrenia. *Affectio Societatis*, *14*(27), 255-295.

KARL ABRAHAM (1877-1925)

16. Teoria psicanalítica da libido

Davi Berciano Flores

Por vezes identificado como coadjuvante da construção de importantes passagens da teoria freudiana, Karl Abraham também é visto na história da psicanálise como um organizador da teoria do desenvolvimento da libido, capaz de aprofundá-la e elevá-la a novos patamares de observação e particularização. Abraham foi analista de Melanie Klein e identificou provas de seus aprofundamentos teóricos por meio da clínica de sua analisanda, como aponta a biógrafa Schoonheten (2016), que entende sua obra como um dos fios condutores entre o pensamento freudiano e a escola inglesa, com seus textos carregados de fragmentos clínicos especialmente dedicados às pulsões parciais e aos movimentos progressivos e regressivos da libido.

Em diálogo com o curto texto *Caráter e erotismo anal* de Freud (1908/1969), Abraham (1911/1970) inicia sua contribuição à teoria do desenvolvimento da libido observando semelhanças e diferenças entre a depressão melancólica, característica dos quadros de psicose maníaco-depressiva, e a neurose obsessiva. As semelhanças consistem na presença da ambivalência de sentimentos e na predominância do sadismo na vida afetiva de ambas. Já as diferenças consistem no fato de que na melancolia busca-se destruir o objeto amoroso devorando-o, ao passo que na neurose obsessiva conserva-se o objeto, investindo-o sadicamente.

Em suas observações, o autor também identifica a predominância do mecanismo de introjeção na fase melancólica da psicose maníaco-depressiva, ao passo que, nos períodos de intervalo livre e nos funcionamentos paranoides, identifica a projeção como o mecanismo principal. Essa investigação culmina, em 1924, em um estudo apurado da sexualidade infantil, inspirado pelos acréscimos feitos por Freud aos *Três ensaios sobre sexualidade* (1905/1969), de modo que Abraham organizou e subdividiu os estágios libidinais em seis fases: fase oral de sucção, fase oral canibalística, fase anal expulsiva, fase anal retentiva, fase fálica e fase genital (1924a/1970).

A fase oral de sucção se caracteriza pelos estágios mais primitivos do bebê, nos quais impera a indiferenciação eu-objeto, período em que ainda não há ambivalência dada a impossibilidade de reconhecimento de um objeto externo, resultando em atividade autoerótica apenas.

Já na fase oral canibalística, também conhecida como oral--sádica, surge a ambivalência na relação com o objeto, presente em todas as fases seguintes salvo na genital. A característica principal desse momento da fase oral é a realização libidinal da incorporação do objeto, ou seja, a atitude de destruir o objeto e incorporá-lo simultaneamente, típica do funcionamento melancólico.

A fase seguinte seria o início da dominância do esfíncter anal como aglutinador da libido, tendo como primeiro momento a realização do prazer pela via da expulsão das fezes. A correlação desta com o funcionamento psíquico seria o mecanismo da projeção, comum na paranoia, caracterizado por uma expulsão destrutiva na qual a ambivalência pode se manifestar, mas parte do objeto segue incorporada, já que o ódio eclipsa projetivamente o reconhecimento do objeto total.

O segundo momento da fase anal é retentivo, ou seja, a ambivalência é identificada internamente, reconhecida como própria, resultando nas múltiplas manifestações típicas da neurose obsessiva. Aqui persiste a problemática do amor parcial, já que o mecanismo da projeção é substituído pelo recalcamento, que mantém eclipsado o reconhecimento da relação total com o objeto.

Somente na fase fálica o amor parcial dá lugar ao amor objetal, no qual a expressão da ambivalência e da inibição das pulsões se dá pela via do pudor, da vergonha, manifesta-se por conversões e resulta eventualmente em patologias, como a fobia.

Por fim, Abraham apresenta o que seria o fim do desenvolvimento da libido, que culminaria idealmente na fase genital, considerada como um amor "normal" pelo objeto, sem patologias, sem controles particulares da inervação, na qual as pulsões inibidas são sublimadas. Caberia aqui uma série de ressalvas quanto à ideia de "normalidade" atribuída pelo autor.

Ao revisitarmos suas contribuições, podemos vê-las de perspectivas mais amplas. Para Gurfinkel (2017), as nuances do desenvolvimento da libido na obra de Abraham estão muito mais associadas à formação de caráter e à "escola das relações de objeto", diferentemente da obra freudiana, na qual as formações das neuroses têm maior protagonismo. Mezan (1999), por intermédio da leitura de Abraham e do debate com outros autores, propõe que, no lugar de uma leitura "escalarizada", rígida e cronológica do desenvolvimento da libido, possamos observar que a regressão da libido pode se dar de múltiplas maneiras, estabelecendo "uma trança entre vários elementos da psicopatologia, que não tem mais nada a ver com os sintomas" (p. 87).

A observação das transformações da libido apresentadas por Abraham, exemplificadas com vasto material clínico, conferem ao leitor de sua obra um vocabulário e uma capacidade de apreensão de movimentos por vezes sutis dos arranjos libidinais dos pacientes. É possível notar, por exemplo, sessão após sessão, os trânsitos projetivos e introjetivos de um paciente com queixas fundamentalmente obsessivas, mas que por vezes recaem em um estado paranoide, de maior indiscriminação com seus objetos. Em outro caso, é possível identificar em uma paciente melancólica o caminho para o funcionamento anal expulsivo ao manifestar o desejo transferencial de estrangular o analista e, em um outro momento de sua análise, notá-la preocupada, empaticamente, com a possibilidade de ter causado algum dano com seu próprio ódio.

O vértice de leitura da organização teórica de Abraham passa a ser psicodinâmico e funciona sob a égide da sobredeterminação ou, nas palavras de Abraham (1924b/1970), de um "processo de desenvolvimento multiforme" (p. 164). Características idiossincráticas do funcionamento das fases orais do sujeito se manifestam sob a nova veste das problemáticas anais. Estas, somadas às marcas de fixação e características do desenvolvimento oral, repaginam-se na fase fálica e, ao mesmo tempo, seguem representando modalidades de relação de objeto, passíveis de revisitação.

Referências e indicações de leitura

Abraham, K. (1911/1970). Notas sobre as investigações e o tratamento psico-analítico da psicose maníaco-depressiva e estados afins. In K. Abraham, *Teoria psicanalítica da libido: sobre o caráter e o desenvolvimento da libido*. Rio de Janeiro: Imago.

Abraham, K. (1924a/1970). Breve estudo do desenvolvimento da libido, visto à luz das perturbações mentais. In K. Abraham, *Teoria psicanalítica da libido: sobre o caráter e o desenvolvimento da libido*. Rio de Janeiro: Imago.

Abraham, K. (1924b/1970). A influência do erotismo oral na formatação do caráter. In K. Abraham, *Teoria psicanalítica da libido: sobre o caráter e o desenvolvimento da libido*. Rio de Janeiro: Imago.

Abraham, K. (1927/1970). *Teoria psicanalítica da libido: sobre o caráter e o desenvolvimento da libido*. Rio de Janeiro: Imago.

Del Nevo, M. (2012). Preface. In Andreas-Salomé, L. The erotic (1909/2012). New Jersey: Transaction Publishers.

Freud, S. (1905/1969). Três ensaios sobre sexualidade. In S. Freud, *Edição Standard Brasileira das Obras Psicológicas Completas de Sigmund Freud* (Vol. VII). Rio de Janeiro: Imago.

Freud, S. (1908/1969). Caráter e erotismo anal. In S. Freud, *Edição Standard Brasileira das Obras Psicológicas Completas de Sigmund Freud* (Vol. IX). Rio de Janeiro: Imago.

Gurfinkel, D. (2017). *Relações de objeto*. São Paulo: Blucher.

Mezan, R. (1999). O inconsciente segundo Karl Abraham. *Psicologia USP*, São Paulo, 10(1), 55-95.

Schoonheten, A. B. (2016). *Karl Abraham: life and work, a biography*. London: Karnac.

SÁNDOR FERENCZI (1873-1933)

17. Os ecos do silêncio na identificação com o agressor

Cassandra Pereira França

A história que abarca o esboço e a definição de um conceito tão crucial como o de "identificação com o agressor" está assentada na fantástica intuição clínica que habitava o espírito de Sándor Ferenczi. Partindo da constatação de que o papel passivo do paciente no processo de análise poderia levar, após certo tempo, a uma paralisação do fluxo das associações livres, Ferenczi lançou algumas propostas inovadoras. Uma delas foi a de impor a alguns pacientes a proibição ou, ainda, a realização de determinada tarefa que, até aquele momento, havia sido impossível de ser abandonada/realizada.

A chamada "técnica ativa", apresentada no texto *Dificuldades técnicas de uma análise de histeria* (1919), desenvolveu-se até 1926, levando-o a observações surpreendentes. A primeira delas foi a de que certos pacientes (principalmente os que haviam sido traumatizados pela guerra) sentiam-se amedrontados, ameaçados e se sujeitavam às tarefas penosas impostas por ele, sem demonstrar nenhuma hostilidade. A outra foi a de que essa atitude autoritária do analista servia para remeter o paciente à cena traumática e a uma nova submissão ao agressor, graças à sua predisposição a ser subserviente diante das figuras de autoridade. Essas observações clínicas conduziram Ferenczi a vislumbrar um dos mais profícuos conceitos para a escuta clínica dos efeitos psíquicos da violência imposta ao sujeito pelo seu ambiente. A "identificação com o agressor" é um referente conceitual que se encontra incluído no conjunto das produções ferenczianas acerca da teoria do trauma desestruturante, composta por eventos traumáticos cujas marcas de violência e impacto abrupto impedem a metabolização do traumatismo pelo aparelho psíquico do sujeito, colocando em risco todo o seu projeto identificatório.

Forjada nos moldes da "identificação", que propicia a assimilação parcial ou total de traços e valores das pessoas significativas em nossas vidas, a "identificação com o agressor" é um tipo de defesa psíquica que ocorre em situações nas quais há uma força esmagadora exercida por pessoas que representam figuras de autoridade para a vítima. Nesses casos, quando "o medo atinge seu ponto culminante, obriga-as a submeter-se automaticamente à vontade do agressor, a adivinhar o menor dos seus desejos, a obedecer esquecendo-se de si mesmas" (Ferenczi, 1933/2011, p. 117).

A descrição dessa defesa psíquica encontra-se em um dos textos mais contundentes de Ferenczi: "Confusão de língua entre os adultos e a criança: a linguagem da ternura e da paixão." O artigo foi publicado em 1933, a despeito das advertências de Freud de que essas novas ideias sobre a primazia dos fatores externos na configuração do trauma poderiam ser incômodas para a comunidade psicanalítica da época. Convicto da importância de expor o que sua escuta analítica lhe apresentara, o brilhante clínico retomou a noção de trauma contida na teoria da sedução freudiana e conferiu aos acontecimentos externos o merecido caráter de realidade factual, relativamente independente da realidade psíquica do sujeito. E, de modo enfático, avançou na denúncia da confusão de línguas que pode ocorrer entre a linguagem da ternura infantil (que remete ao erotismo infantil) e a linguagem da paixão dos adultos (marcada pela genitalidade).

O jogo de sedução presente no encontro de um adulto perverso com uma criança pode levar a um desfecho fatídico: desde a erotização excessiva da criança até violências sexuais – práticas que vão provocar sequelas graves no aparato psíquico da criança, sendo a clivagem uma das principais. Enquanto na metapsicologia freudiana a clivagem do ego está circunscrita a um conflito interno (entre as instâncias psíquicas) que acaba provocando a ruptura da unidade psíquica, nos termos ferenczianos, o destaque vai estar no papel traumatogênico do objeto externo invadindo o ego, estilhaçando-o em pedaços – fenômeno que pode causar "a clivagem da pessoa numa parte sensível, brutalmente destruída, e outra que, de certo modo, sabe tudo, mas nada sente" (Ferenczi, 1931/2011, p. 88).[1] Portanto, quanto mais nova for a criança e mais importante o papel do objeto para ela, mais profunda será a clivagem, desencadeando, inclusive, a prematuração (patológica) – vivência comparável ao que ocorre com "os frutos que ficam maduros e saborosos depressa demais, quando o bico de um pássaro os fere" (Ferenczi, 1933/2011, p. 119).

Outra consequência nefasta da identificação com o agressor é que ela traz em seu bojo a culpabilidade, que, uma vez instalada no mundo interno da criança, será a grande responsável pelo seu aprisionamento nos pactos de segredo impostos.[2] Outro risco presente nesse movimento psíquico é o da identificação com seus traços perversos, que podem levar a criança a se comportar com os objetos com os quais se relaciona do mesmo modo que os objetos agressores se relacionaram com ela. Apesar de nem todas as vítimas de abusos psicológicos, físicos ou sexuais, tornarem-se pessoas violentas ou

---

1 Cf. visto na descrição sádica das chantagens espúrias para extorquir dinheiro e provocar agressões físicas na família (França, 2014).

2 Em sua pequenez, uma menina de 5 anos de idade apresentou, reiteradamente, encenações cheias de segredos que não podiam ser revelados, recomendando aos bonecos: "As coisas que acontecem na família não se pode contar. Tem que guardar segredo, porque se não vai para o inferno!" (França, 2017, p. 29).

perversas, é recomendável um processo de análise para "soltar-lhes a língua" e libertá-las desse possível destino identificatório,[3] que as obriga a ser um "bebê sábio", que renuncia ao seu eu infantil e terno para cuidar de si e dos outros. Assim, ao recuperar a confiança no testemunho de seus próprios sentidos, poderá metabolizar psiquicamente as sequelas do roubo do direito mais básico na vida psíquica, e que Ferenczi anunciou de modo magistral: "as crianças nada mais pedem do que ser tratadas delicadamente, com ternura e doçura" (Ferenczi, 1932-1933/1990, p. 115).

Referências e indicações de leitura

Ferenczi, S. (1931). Análises de crianças com adultos. In S. Ferenczi, *Obras Completas* (Psicanálise IV). São Paulo: Martins Fontes.

Ferenczi, S. (1932-1933/1990). *Diário clínico*. São Paulo: Martins Fontes.

Ferenczi, S. (1933/2011). Confusão de língua entre os adultos e a criança: a linguagem da ternura e da paixão. In *Obras Completas* (Psicanálise IV). São Paulo: Martins Fontes.

França, C. P. (2014). Existe criança perversa? In C.P. França, (Org.) *Tramas da perversão: a violência sexual intrafamiliar*. São Paulo: Escuta.

França, C. P. (2017). Do grito de silêncio à reconstrução subjetiva. In C. P. França, (Org.) *Ecos do silêncio: reverberações do traumatismo sexual*. São Paulo: Blucher.

---

[3] A posição de muitos sujeitos traumatizados, que se lançam na defesa de seus algozes, ou ainda os fenômenos de massa que levam grupos sociais dominados a se identificarem com valores típicos da condição racial e econômica do explorador comprovam a assertiva ferencziana.

18. A empatia e a elasticidade: entre a técnica e a ética

Débora Gaino Albiero

No texto "Elasticidade da técnica psicanalítica", Ferenczi (1928/2011) afirma: "aceito por fazer minha a expressão 'elasticidade da técnica analítica': é necessário, como uma tira elástica, ceder às tendências do paciente, mas sem abandonar a tração na direção de suas próprias opiniões" (p. 36).

Os conselhos estabelecidos por Freud em seus artigos técnicos sugerem uma condução/presença do analista na clínica acentuada por um superego técnico: dizem mais do que um analista não deve ou não pode fazer. Porém, a clínica cotidiana nos exige a capacidade de poder experimentar possibilidades de estar e sentir junto com os pacientes, sem abandonar nosso desejo (de analisar) e nossa posição ética enquanto analistas. Compartilho, a seguir, breves vinhetas clínicas para, em seguida, pensarmos sobre a elasticidade da técnica psicanalítica.

1) Era nossa primeira sessão presencial após o período online por conta da covid-19. Ela nunca se atrasava. Teria mudado de ideia e faríamos online? Depois de um tempo, uma mensagem no celular

avisa: "Estou estacionada aqui em frente, mas não consigo sair do carro. Estou muito nervosa". Em poucos segundos, tento pensar: o que seria mais sensato com aquela paciente? Muitas possibilidades me ocorrem, uma delas pulsa em mim: "Me diga onde você parou. Vou até aí te buscar e entramos juntas".

2) Desde que retomamos as sessões após o parto, temos companhia. Quem acompanha quem? É uma pergunta que ressoa em mim. O bebê que dormia no bebê conforto começa a balbuciar e logo a chorar. Ela tenta apaziguá-lo, mas não consegue continuar a falar com ele chorando em seu colo, e se angustia. Ofereço-me para segurar o bebê para que possamos continuar. Fico em pé, andando na sala, com ele virado de frente para ela. O bebê se acalma, ela também e a sessão pode seguir.

3) Véspera de Natal – período em que costumo tirar férias do consultório. A mensagem no *WhatsApp* não deixa passar despercebido como ele vivia aqueles períodos de ausência, nos vários anos em que estamos juntos: "decidi parar a análise e quero uma sessão a mais essa semana para falar disso". Uma sentença que transborda as próprias contradições implícitas e inconscientes. Acolho seu pedido e me ponho a escutar sua decisão – já tínhamos vivido muitas vezes aquele mesmo impasse – "eu não quero parar, eu gosto de você, mas tenho raiva quando você sai de férias e me abandona. Eu quero mais sessões com você e não menos".

Embora Freud, desde 1910, fosse um crítico do excesso e da violência das interpretações, toda a sua clínica/metapsicologia é calcada eminentemente na interpretação como forma de trabalho com o inconsciente. A questão do tato também foi abordada por ele nesse artigo técnico, mas sem desenvolvê-la, pois não considerava algo ensinável, transmissível.

Ferenczi (especialmente no período de 1928) é quem se dedica a pensar em como podemos estabelecer um *setting* que seja favorável, confiável e adequado às necessidades e às expressões das linguagens possíveis dos analisandos, incluindo aqui tanto a linguagem verbal como a dos gestos.

Nas vinhetas citadas, é a questão do tato e da empatia que está em jogo na elasticidade da técnica analítica. A presença implicada e elástica da analista ocupa o lugar de uma suposta neutralidade e distância afetiva, o que exige, muitas vezes concretamente, ir até o paciente para que ele se sinta ajudado a comparecer em análise da forma como puder.

A espontaneidade do gesto analítico, especialmente nos dois primeiros exemplos, abre espaço para que a análise continue – trata-se também de uma intervenção sobre as resistências sem que seja necessário interpretar. À medida que a analista se estica e se move em direção aos pacientes, há um acolhimento para seus gestos não expressos em palavras – a favor da escuta, da ética e da qualidade da transferência em jogo. Na última vinheta, a analista recebe, suporta, tolera e sobrevive às expressões de ódio a ela dirigidas. Sente em si a raiva e o ódio (do paciente por ela) e se põe a escutar, sem apontar as resistências ou interpretar antes que a repetição do gesto, após vários anos de análise, possa acontecer e se fazer integrada na vivência da dupla analista-analisando.

Elasticidade da técnica psicanalítica (1928) é, portanto, um texto sobre a dimensão ética e estética da clínica, que interroga a posição do analista, deslocando-se da técnica: a espontaneidade também está do lado de quem analisa.

Para que seja possível a liberdade de expressão no *setting*, é necessária a presença de um analista suficientemente adaptável, elástico e sensível, atento às necessidades e aos movimentos do paciente, de modo a poder receber e suportar todos os seus afetos, como forma de acolher a expressão de um gesto inaugural de criação e de comunicação: "só uma verdadeira posição de 'sentir com' pode ajudar-nos; os pacientes perspicazes não tardam em desmascarar toda pose fabricada" (p. 32). É também necessário um analista analisado – e aqui ele formula a segunda regra fundamental: a higiene (análise) do analista, entendendo que tornar-se analista implicaria a desconstrução de todo o narcisismo patológico e de todo o superego. É a partir da experiência sobre nosso próprio inconsciente que podemos suportar toda a exigência que a clínica nos faz, especialmente aquela sobre a qual Ferenczi mais se debruçou: a clínica do trauma e da clivagem.

O tato, a empatia, a elasticidade são pensados para os sujeitos que não associam livremente, que não sonham, não simbolizam, não cometem atos falhos, não se comunicam pela via direta e exclusiva da palavra: sujeitos clivados, que tudo sabem e nada sentem. Uma clínica que exige sensibilidade do analista para romper com a técnica clássica e poder acessar o analisando – para alguns a interpretação tenderá a ser intrusiva se não for feita dentro de uma atmosfera de cuidado e sensibilidade. Uma direção do tratamento seria, então, poder ajudá-los a se expressarem livremente – podendo se livrar do objeto incorporado, que ocupa dentro de si uma posição persecutória e de agressor.

Para ilustrar o que deveria ser a posição do analista suficientemente elástico, Ferenczi usa a metáfora do "João bobo"/"João teimoso": um analista que se permite ir e vir, sem sair de sua posição ética. Um analista em quem o paciente deposita seus afetos – de prazer e desprazer, de ódio, raiva, hostilidade, agressividade (que não puderam ser exercitados pelo sujeito no momento do trauma) – e que se mantém vivo e não se deixa derrubar. Ou seja, um analista que suporta, sustenta, sobrevive ao/no processo de análise, que não retalia com interpretações, e que também se permite, empaticamente, afetar pelos estados emocionais do analisando. Que espera, com sensibilidade, o momento oportuno para fazer uma interpretação – como no caso na vinheta 3 descrita anteriormente. Que pode reconhecer seus erros, ser modesto e ao mesmo tempo agir com franqueza e sinceridade.

Kupermann (2019) nomeia o estilo clínico criado por Ferenczi de estilo empático: exige do psicanalista uma disponibilidade sensível e afetiva, diferenciada daquela proposta pelo método freudiano clássico (interpretativo). Nesse sentido, o analista não cede sem resistência. Ele se coloca ao lado e sente junto, dentro de si, os caprichos e humores do paciente, estando o tempo todo vigilante e firme em seu desejo e sua posição ética de se permitir viver, com cada analisando, a complexidade e a profundidade da experiência analítica.

Referências e indicações de leitura

Ferenczi, S. (1928/2011). Elasticidade da técnica psicanalítica. In S. Ferenczi, *Obras Completas (Psicanálise IV)*. 2ª ed. São Paulo: Martins Fontes.

Freud, S. (1910/1969). Análise silvestre. In S.Freud, *Edição Standard Brasileira das Obras Psicológicas Completas de Sigmund Freud* (Vol. XI). Rio de Janeiro: Imago.

Kupermann, D. (2019). *Por que Ferenczi?* São Paulo: Zagodoni.

19. Função vitalizante do analista

Débora Gaino Albiero

Em *A criança mal acolhida e sua pulsão de morte*, Ferenczi (1929/2011) desenvolve os caminhos para a formulação de um princípio clínico (e ético) do analista para determinados pacientes: que possamos exercer uma função vitalizante – imputar afetos de vitalidade – para que possam continuar existindo. Ele propõe que em casos de diminuição do prazer de viver, e de acordo com suas formulações sobre a elasticidade da técnica (1928b/2011), seria importante conduzir a análise como um jogo: deixar o paciente agir como uma criança, com certa liberdade e sem responsabilidade, como nos é familiar nas análises com crianças. E acrescenta: "por esse *laissez-faire* permite-se a tais pacientes desfrutar pela primeira vez a irresponsabilidade da infância, o que equivale a introduzir impulsos positivos de vida e razões para se continuar existindo" (p. 59).

Nesse artigo, Ferenczi: 1) faz uma importante torção no conceito de pulsão de morte, proposto por Freud em *Além do princípio do prazer* (1920); 2) propõe a ideia de que a presença de uma interação amorosa por parte de quem recebe a criança no mundo é fundante da subjetividade; 3) inaugura uma reflexão sobre a relação da psicossomática com a tendência à autodestruição – a "morrer-se".

Lembremos que Ferenczi está às voltas com uma matriz clínica diferenciada daquela da neurose, que é a do trauma, na qual o método psicanalítico clássico – que tem a associação livre como regra fundamental – é insuficiente. É a partir da figura da criança traumatizada que Ferenczi propõe pensar nas formas de cuidado e escuta dos adultos em sessão: a criança no adulto (Ferenczi, 1931).

Retomemos o objetivo de desenvolver o conceito de "função vitalizante do analista". A quem ela se destinaria? Às crianças mal acolhidas ou "crianças não bem-vindas": que chegam num ambiente não sensível às suas necessidades. Ferenczi (1929/2011) sugere que a forma como a criança é acolhida na família determina as defesas que vai estabelecer contra sua pulsão de morte. Crianças não bem-vindas, tratadas sem carinho, sem amorosidade e com rudeza, ficam com suas defesas fragilizadas frente à sua pulsão de morte e conservam uma tendência à autodestruição, às doenças psicossomáticas, ao pessimismo, à facilidade em morrer, à não vontade de viver. As doenças que vão sendo produzidas nesses sujeitos podem ser pensadas como herdeiras de uma falha na erotização pelo ambiente – nas quais o sujeito tenderia a "se morrer". Um sujeito mal acolhido registra no corpo os sinais conscientes e inconscientes da forma com que foi recebido no mundo: da impaciência, da aversão, da frieza, da irritação, do cansaço, da falta de tempo para ser bem cuidado... Um sujeito com a vontade de viver enfraquecida, quebrada, diminuída.

O antídoto para essa vivência e presença de uma pulsão de morte que deixa marcas deletérias seria, então, um enorme e intenso dispêndio de amor, ternura, cuidados com a criança, com o chegante. Seria necessário um aporte libidinal vindo do outro. As erotizações recebidas ao longo da vida fabricariam o narcisismo e as defesas contra a pulsão de morte.

Ferenczi (1929/2011) contradiz a ideia de que nascemos superotizados, cheios de Eros e de pulsão de vida. Para ele, o bebê está muito próximo do indiferenciado, do estado de não ser, da fonte da pulsão de morte: não basta apenas ser desejado, precisa ser investido libidinalmente pelos cuidadores. Toda uma série de processos afetivos que envolvem toque, cheiro, calor, presença, encontro precisa participar desta relação. É essa erotização que liga as pulsões, tornando a pulsão de morte menos ameaçadora.

Com essa inversão, somada à de "A adaptação da família à criança" (Ferenczi, 1928a/2011), Ferenczi aponta, portanto, para a importância do cuidado ambiental – inaugurando aqui a tradição do ambientalismo na clínica psicanalítica (da qual Winnicott é o grande herdeiro). Acompanhemos essa vinheta clínica de uma analisanda que busca lidar com experiências de vida e morte numa análise atravessada pela pandemia de covid-19:

> *Renascemos, uma dupla de análise. Analista e paciente. Um abraço, três anos depois das sessões iniciadas, forte e demorado, marcando tantos abraços sonhados, que faltaram, não puderam ser dados, impedidos pelas distâncias no tempo e no espaço. Atravessamos o abismo dos corpos que nos rondava. Nossas paralisias, resistências e distanciamentos. As fantasias que também daí surgiam. Delas, falamos quase a cada sessão. Mas foi preciso tempo de análise, de presença e de associações – silêncios-fala-resistências-escuta-elaborações para que a ação não fosse uma atuação, mas se traduzisse, para a paciente, em vitalização – em corpos vivos, em afetos que podem circular, em posições que podem*

> *ser experimentadas e vivenciadas. Em poder ver, poder sentir, poder habitar.*
>
> *Na sessão seguinte, ela não precisou do abraço, pois ele ainda permanecia nela. Ao chegar, o divã estava arrumado para ela, como ela sempre arrumava antes de deitar. A paciente não se importou, como em outras vezes, por o analista precisar conferir se a porta de entrada estava trancada. O analista passou a ser sentido como um analista-ambiente que considerava suas necessidades e também se permitia certa liberdade com o enquadre inicial, para que os afetos e as expressões pudessem comparecer em cena. De ambos. E assim recomeçaram. Uma sessão após a outra.*

Do ponto de vista clínico-transferencial, qual seria a ética e o cuidado do analista nesses contextos? Primeiramente, lembrar que são os analistas que precisam se adaptar com sensibilidade e tato às necessidades de seus pacientes (Ferenczi, 1928a/2011). Além disso, evitar fazer com que essas crianças que foram mal acolhidas na vida sejam mal acolhidas na análise (Ferenczi, 1929/2011). Para esses pacientes o analista tem uma função de vitalização. É radical. É preciso que o analista possa imputar afetos de vitalidade, razões para continuar existindo, razões para viver.

É como se a psicanálise tivesse como finalidade ética a vitalização, especialmente para analisandos traumatizados, comprometidos em sua capacidade de brincar, desvitalizados. A interpretação não ocupa o lugar central nessas análises. A clínica seria um espaço de erotização (não de sedução), no sentido de desejo de viver, de ligação, de força expansiva, de potência para os encontros. É na possibilidade de o analisando poder viver na relação com o analista uma atmosfera inaugural de *laissez-faire*, como nos sugere Ferenczi

(1929/2011), de liberdade, de irresponsabilidade da infância (podendo viver experiências de onipotência – Ferenczi, 1913/2011), uma atmosfera lúdica – onde o brincar tenha espaço –, e no encontro com um analista menos ortodoxo, menos frio, com menos elementos que apontem para um certo tipo de neutralidade, que ele poderia perlaborar seus traumas iniciais.

Referências e indicações de leitura

Ferenczi, S. (1913/2011). O desenvolvimento do sentido de realidade e seus estágios. In S. Ferenczi, *Obras Completas* (Psicanálise II). 2ª ed. São Paulo: Martins Fontes.

Ferenczi, S. (1928ª/2011). A adaptação da família à criança. In S. Ferenczi, *Obras Completas* (Psicanálise IV). 2ª ed. São Paulo: Martins Fontes.

Ferenczi, S. (1928b/2011). Elasticidade da técnica psicanalítica. In S. Ferenczi, *Obras Completas* (Psicanálise IV). 2ª ed. São Paulo: Martins Fontes.

Ferenczi, S. (1929/2011). A criança mal acolhida e sua pulsão de morte. In S. Ferenczi, *Obras Completas* (Psicanálise IV). 2ª ed. São Paulo: Martins Fontes.

Ferenczi, S. (1931/2011). Análise de crianças com adultos. In S. Ferenczi, *Obras Completas* (Psicanálise IV). 2ª ed. São Paulo: Martins Fontes.

Kupermann, D. (2019). *Por que Ferenczi?* São Paulo: Zagodoni.

20. Sonhos traumáticos

Jô Gondar

Na obra freudiana, os sonhos são a via real que conduz ao inconsciente. Seguem o princípio do prazer e realizam, de maneira deformada, os desejos recalcados. Por serem um modo privilegiado de aceder ao funcionamento e à expressão do inconsciente, sua interpretação tornou-se o modelo da interpretação psicanalítica. Os sonhos traumáticos, entretanto, não se encaixam nessas diretrizes: não obedecem ao princípio do prazer, não realizam desejos e tendem a se repetir compulsivamente.

A marca de Ferenczi na psicanálise reside no lugar que ele confere ao trauma. Ao fazer dele o centro de gravidade da subjetividade e da formação da cultura, Ferenczi reverte a concepção freudiana do sonho. Se em Freud a realização de desejo é a principal função onírica e o sonho traumático uma exceção à regra, a exceção agora se torna o modelo. Ferenczi afirma que o sonho possui uma função mais primária que aquela estabelecida por Freud. Os sonhos de realização de desejo seriam apenas um caso particular e feliz dessa função principal e originária.

Para Ferenczi, todo e qualquer sonho repete traumas como forma de elaborá-los e liquidá-los, buscando atingir um novo patamar psíquico. Em "Da revisão de 'A intepretação de sonhos'" (1934/1992), ele escreve: "Uma definição mais completa da função do sonho seria (em vez de: 'o sonho é uma realização de desejo'): todo e qualquer sonho, ainda o mais desagradável, é uma tentativa de levar acontecimentos traumáticos a uma resolução". Essa é a função primeira do sonho, por ele chamada de função traumatolítica: "o retorno de impressões sensíveis traumáticas, não resolvidas, e que aspiram à resolução" (p. 112).

É interessante observar que Ferenczi se refere, no campo onírico, a impressões sensíveis, e não a representações recalcadas. É que a vivência traumática, em sua dimensão excessiva, não permite uma inscrição psíquica, nem consciente, nem inconsciente. Por esse motivo, no sonho traumático não há nenhuma lembrança ou desejo inconsciente a ser desvelado. Ferenczi chama de impressões sensíveis aquilo que Freud teria, na "Carta 52", denominado signos de percepção – sensações dolorosas, agitação, marcas corporais, vivências de sofrimento corporal ou psíquico. Algo se imprimiu, existe a impressão de alguma coisa, mas não a representação de alguma coisa. É nesse sentido que a função principal do sonho é a busca de uma resolução para as impressões sensíveis traumáticas.

Admitindo-se essa função primeira, a distinção entre os conteúdos manifesto e latente deixa de ser prioritária, bem como a hierarquia entre os restos diurnos e o desejo recalcado. A aspiração traumatolítica envolve os restos diurnos, que, personagens coadjuvantes em Freud, tornam-se em Ferenczi protagonistas da cena onírica: "O retorno dos restos diurnos já representa por si mesmo uma das funções do sonho . . . Aquilo a que chamamos restos diurnos (e podemos acrescentar: os restos da vida) são, de fato, sintomas de repetição de traumas" (pp. 111-112). O propósito de realização de desejo, quando existe, também se encontra a seu serviço: "Suspeito de que lá, bem atrás, temos a ação de uma tendência . . . para uma nova e melhor resolução, em que a realização de desejo é o meio pelo qual o sonho conseguirá chegar a ela, mais ou menos bem" (p. 112). Afirmar que os sonhos conduzem a uma solução e um domínio psíquico melhores do trauma significa dizer que eles seguem uma tendência curativa, o que implica um trabalho de elaboração. Desse modo, "uma nova espécie de resolução do trauma, mais vantajosa, e até mais duradoura pode produzir-se" (p. 113).

Ferenczi apresenta outra novidade com relação ao sonho traumático: nele, a elaboração não se opõe à repetição, mas se faz por meio dela. Repete-se o trauma, repete-se o encontro com o perigo e o susto que ele teria provocado. Porém repete-se, dessa vez de forma ativa, aquilo que sobreveio de fora e, nessa medida, minimiza-se o trauma. Por esse motivo, a repetição compulsiva ganha em Ferenczi um valor positivo, criador, até mesmo curativo. Nos sonhos traumáticos, a elaboração funciona de um modo que poderia ser chamado de autovacinação: alguém administra a si próprio uma pequena dose de horror para se tornar imune a ele, voltando-se contra si com o intuito de dominar o perigo. É um comportamento paradoxal que vemos acontecer não apenas nos sonhos, mas também nos comportamentos autodestrutivos com os quais lidamos na clínica contemporânea: o indivíduo aplica a si mesmo o próprio veneno que procura evitar.

O processo onírico é desdobrado por Ferenczi em dois tipos de sonhos traumáticos: o primeiro é chamado de sonho primário, e consiste numa repetição quase literal das impressões sensíveis. São sonhos sem imagens visuais, compostos somente por sensações: dores, esmagamentos, pressão etc. Outra modalidade onírica é denominada sonho secundário. Nesse caso, não há apenas reprodução de sensações, mas também produção de imagens visuais. Elas não se apresentam de maneira tão deformada como as representações que sofrem condensação ou deslocamento – mecanismos do sonho privilegiados por Freud. Expressam os acontecimentos com alguma literalidade e apresentam uma simbologia encarnada, estando mais próximas da reprodução figurada dos estados afetivos de alguém que da representação elaborada de algum anseio. Por intermédio delas são atualizados ou reatualizados acontecimentos sensíveis sobre os quais um analisando não poderia falar porque jamais foram inscritos, mesmo no inconsciente. Sua figuração no sonho pode levar ao conhecimento do paciente e do analista, pela primeira vez, de certas vivências até então amortecidas. Essas imagens permitem também que se compreenda o momento afetivo do analisando na relação transferencial, ou mesmo frente ao mundo, funcionando como uma espécie de raio-X de sua disposição psíquica.

A seguinte cena onírica, produzida por uma paciente que sofrera abuso sexual quando criança, é apresentada por Ferenczi (1934/1992) como exemplo de sonho secundário: uma menina está deitada no fundo de uma canoa, quase morta, e um homem gigantesco se debruça sobre ela; de dentro da canoa, outro homem olha a cena e a menina sente vergonha daquilo que ele testemunha, ao mesmo tempo que vê um avião ao longe que talvez possa enxergar o que acontece. Nesse sonho existe repetição, mas também trabalho de elaboração; ele expressa por meio de imagens o trauma e a dissociação psíquica que ele teria produzido. A paciente se vê de fora, como uma menina, ao mesmo tempo que se vê como um aviador a uma distância muito grande, ou seja, alguém desvinculado emocionalmente da situação e que observa a cena de fora; vê o pai como o homem que não se domina e, ao mesmo tempo, como alguém que se envergonha daquilo que fez, vergonha que ela toma para si, por identificação com o agressor. O sonho fornece uma imagem para algo que existia apenas como impressão ainda sem forma. Não cria nem desvela uma representação, mas figura e presentifica a disposição psíquica da paciente.

A cada ideia de sonho corresponde um modo de entender e manejar a clínica psicanalítica. Para Ferenczi (1934/1992), "o objetivo terapêutico da análise dos sonhos é o estabelecimento de um acesso direto às impressões sensíveis" (p. 115). O sonho traumático faria um primeiro enlace de intensidades que até então se encontravam em estado bruto, transformando-as em imagens que são a expressão do trauma e, ao mesmo tempo, sua primeira elaboração. Assim, a vivência traumática, para todos os efeitos não inscrita, pode receber um formato capturável pelo analista.

Referências e indicação de leitura

Ferenczi, S. (1934/1992). Da revisão de "A interpretação de sonhos". In S. Ferenczi, *Obras Completas* (Psicanálise IV, pp. 111-115). São Paulo: Martins Fontes.

21. Desmentido: uma inovação conceitual de Sándor Ferenczi

Mônica Medeiros Kother Macedo

Sándor Ferenczi é um autor cuja obra não só teve singular impacto na história do movimento psicanalítico, como também se mantém extremamente atual e necessária frente às predominantes configurações contemporâneas de padecimento psíquico. Nos meandros das relações institucionais iniciais da psicanálise, identifica-se um movimento de rechaço e a tentativa de exclusão dos aportes de Ferenczi do campo psicanalítico (Birman, 2014; Kupermann, 2019). É, porém, a potência de suas contribuições teóricas e clínicas que não permite a vigência do silenciamento imposto à sua obra e a desqualificação de pertinentes críticas que endereçou ao exercício indiferente e ritualizado da função de analista.

Dentre as temáticas que suscitaram divergências entre pares da comunidade psicanalítica da época, encontra-se a inovadora concepção de Ferenczi sobre o trauma. No cenário dos anos de 1920 e 1930, Sigmund Freud já havia consolidado, em sua obra, modificações referentes às primeiras hipóteses e concepções relativas à etiologia do trauma psíquico. Distanciando-se da leitura inicial proposta sob a denominação teoria da sedução, o campo conceitual freudiano passa, paulatinamente, a abordar o trauma vinculando sua etiologia aos conceitos de fantasia e realidade psíquica.

A fim de abordar a concepção de Ferenczi sobre o trauma, é importante referir que, em seu trabalho, inquestionável importância é atribuída à dimensão intersubjetiva. Desde o início de seus escritos, mesmo antes de sua aproximação a Freud e à psicanálise, marca presença, em suas reflexões, a atenção dedicada às dinâmicas relacionais estabelecidas no contexto familiar, no âmbito pedagógico e no cenário social. Seu objetivo era identificar e denunciar condições nas quais diferentes formas de violência (familiar, pedagógica, social) ocorriam a partir da desconsideração da vulnerabilidade do outro (criança, aluno, doentes mentais, pacientes, pessoas socialmente excluídas e marginalizadas). Por essa característica marcante em suas leituras sobre o contexto intersubjetivo, Gondar (2020) afirma que a afinidade de Ferenczi sempre foi "com o lado mais frágil da corda" (p. 211).

Ancoradas no pilar de denúncia da "hipocrisia" social, familiar e clínica, cujo enfrentamento perpassa toda a obra de Ferenczi, são construídas suas contribuições sobre o trauma. O fato de algo da ordem do excesso ser efetivamente experienciado pelo sujeito ganha destaque, porém acrescido de um elemento conceitual inovador: o desmentido.

A inovação conceitual ferencziana, relacionada sobremaneira, à proposição de um segundo tempo no qual se daria a instauração do trauma, foi consolidada em 1933 no magistral texto *Confusão de língua entre os adultos e a criança*. Ferenczi (1933/2011) descreve um primeiro tempo em que ocorre uma experiência de excesso, uma vez que a criança tem sua linguagem da ternura violada mediante a imposição da linguagem da paixão por parte do adulto. Instaura-se, assim, a vivência real de um excesso de excitação, cuja impossibilidade de atribuição de sentido promove o movimento seguinte. A criança passa a buscar, então, um segundo adulto, de sua confiança, a fim de testemunhar o ocorrido. Nesse segundo tempo, ocorre o desmentido (*Verleugung*), descrito por Ferenczi (1931/2011) como o "pior" de tudo o que ocorreu. A gravidade do desmentido se evidencia à medida que sua ocorrência instaura o caráter patogênico do trauma. É no não reconhecimento, por parte do segundo adulto, da legitimidade do testemunho sobre o ocorrido que se dá o desmentido, cuja dinâmica remete ao campo relacional. Seus efeitos são descritos por Ferenczi (1931/2011) como decorrências da "afirmação de que não aconteceu nada, de que não houve sofrimento ou até mesmo ser espancado e repreendido quando se manifesta a paralisia traumática do pensamento ou dos movimentos; é isso, sobretudo, o que torna o traumatismo patogênico" (p. 91). Para ele, "o comportamento dos adultos em relação à criança que sofreu o traumatismo faz parte do modo de ação psíquica do trauma" (p. 127). Nesse sentido, segundo Gondar (2017a), "para Ferenczi, o traumático não está na ocorrência de um evento, e nem mesmo no seu grau de violência . . . A originalidade de Ferenczi consiste em atribuir ao desmentido a vivência do trauma" (p. 211).

Destarte, o desmentido alude à violência do não reconhecimento e da não legitimação do testemunho sobre o traumático experienciado. Tal violência extrapola o evento ocorrido, uma vez que "o desmentido não é apenas uma questão de palavra: são os afetos de um sujeito, o seu sofrimento, e ele próprio enquanto sujeito que está sendo desmentido" (Gondar, 2017b, p. 91).

O desmentido sustenta a inovadora concepção intersubjetiva do traumático proposta por Ferenczi, tendo repercussão no trabalho clínico. Os efeitos psíquicos decorrentes da ausência de reconhecimento do sofrimento, frente ao impacto do vivido, serão pontos centrais de atenção do analista no exercício da escuta.

É o impacto atualizado do desmentido que se desvela no processo de escuta de Fernando. Os persistentes conflitos na relação com os pais, segundo ele, balizam sua história "desde sempre". Sua adolescência é marcada pelo uso abusivo de álcool e drogas. Durante as férias, na maior proximidade com os pais, intensifica-se, também, o uso de álcool e drogas. Chega com frequência completamente alterado em casa, nos mais variados horários. É surpreendido com a comunicação parental de que resolveram "fazer uma obra na casa" a fim de que ele possa chegar e entrar "pelos fundos", ficando, portanto, "livre" para manter seus "hábitos" sem "perturbar a família". Desmentido no testemunho do aprisionamento a um circuito destrutivo, Fernando atenta, de forma ainda mais explícita, contra a própria vida. É depois do período de internação em uma clínica de reabilitação, ocorrida mediante a intervenção de um tio materno, que se dá a busca pela análise. Seu processo de escuta demanda a urgência de não mais desmentir a reprodução da agonia psíquica, a qual lhe acarreta uma dor incompreensível e insuportável (Ferenczi, 1931/2011). Fernando, sujeito do desmentido da violência intersubjetiva, testemunha, no atordoamento e na intensidade de dor psíquica, o não ser para o outro.

Referências e indicações de leitura

Birman, J. (2014). *Arquivo e memória da experiência psicanalítica: Ferenczi antes de Freud, depois de Lacan*. Rio de Janeiro: Contracapa.

Ferenczi, S. (1928/2011). A elasticidade da técnica psicanalítica. In S. Ferenczi, *Obras Completas* (Psicanálise IV). São Paulo: Martins Fontes.

Ferenczi, S. (1929/2011). A criança mal acolhida e sua pulsão de morte. In S. Ferenczi, Obras Completas (Psicanálise IV). São Paulo: Martins Fontes.

Ferenczi, S. (1931/2011). Análise de crianças com adultos. In S. Ferenczi, *Obras Completas* (Psicanálise IV). São Paulo: Martins Fontes.

Ferenczi, S. (1933/2011). Confusão de línguas entre os adultos e a criança. In S. Ferenczi, *Obras Completas* (Psicanálise IV). São Paulo: Martins Fontes.

Ferenczi, S. (1934/2011). Reflexões sobre o trauma. In S. Ferenczi, *Obras Completas* (Psicanálise IV). São Paulo: Martins Fontes.

22. Autenticidade e hipocrisia no trabalho clínico do psicanalista

Wilson de Albuquerque Cavalcanti Franco

No período final de sua vida (basicamente entre 1928 e 1933), Ferenczi dedicou-se bastante ao que se pode chamar de "clínica da autenticidade", que seria basicamente uma investigação sobre a disposição psíquica do analista durante o trabalho clínico e a forma como sua própria análise (a análise do analista) modula e eventualmente limita a análise em curso. Ferenczi (como muitos analistas de seu tempo, inclusive Freud) entendia que uma análise só pode ir até onde a análise do analista foi e, nessa medida, um bom analista precisaria ter sido suficientemente bem analisado. O parâmetro para "bem analisado" é bastante nebuloso (ao menos para nós – Ferenczi adotava sem reserva a ideia de uma "análise conduzida até o fim", ideia bastante delicada de ser mobilizada hoje em dia), mas ainda assim a questão parece válida: um analista precisa ter saúde mental para suportar o trabalho clínico, que muitas vezes é emocionalmente exigente.

Essa questão levou Ferenczi à percepção de que os analistas muitas vezes encontravam dificuldades em seu trabalho que se deviam menos à saúde psíquica de seus pacientes que à sua própria saúde – deles, os analistas. Afinal, conforme a análise progride, ela toca pontos mais profundos e delicados, e passa por isso a exigir maiores sensibilidade e disponibilidade do analista para sustentar o progresso do processo. Nesse contexto, Ferenczi acabou percebendo que, em muitos casos, o próprio analista acaba oferecendo resistência ao tratamento, ainda que isso dificilmente vá ser percebido ou assumido por ele (já que não é uma condição muito lisonjeira, no fim das contas).

É esse estado de coisas que leva Ferenczi a denunciar, no texto intitulado "Confusão de língua entre os adultos e a criança" (1933/1992), o que ele chama de "hipocrisia profissional" do analista (p. 99). O que ele sinaliza com isso é um fenômeno relativamente simples: o analista encontra um entrave na direção de uma análise que conduz, mas não consegue perceber e/ou admitir que ela se deve a uma limitação *dele* (analista).

O argumento de Ferenczi, na verdade, mostra que a situação é mais grave que isso: quando uma análise encontra esse limite, o analista se veria tomado por sentimentos hostis em direção ao paciente, sentimentos com os quais o paciente *se identifica* – de forma que o paciente não reclamará do trabalho ou do analista, mas sentirá que é um caso sem esperança, que não merece a atenção do analista, que dá trabalho demais etc. Para Ferenczi, essa disposição do paciente reflete a identificação com o analista (já que essa é a fantasia que ocupa o analista indisponível para o trabalho em curso). Já a disposição do analista reflete justamente a tal hipocrisia profissional.

Imagino que todo profissional eventualmente passe por isso: sente-se incomodado e indisponível em relação àquele paciente "chato" ou "difícil", cujo tratamento "não progride" e que, ainda por cima, fica "questionando" ou "demandando atenção"; pois bem, o que Ferenczi sinaliza é que essa disposição por parte do analista é *sentida* pelo paciente, e o único jeito de "avançar" no caso passa pelo reconhecimento por parte do analista dessa disposição emocional *sua*. Em minha própria experiência clínica, passei por esse "enrosco" duas ou três vezes: numa delas a própria paciente abriu o caminho para o cuidado da situação, sinalizando claramente que eu mudava o horário das sessões porque não dava valor ao seu tratamento; em outra ocasião precisei assumir (enfrentando um tanto de resistência narcísica de minha parte, claro) que estava afetivamente indisponível e refratário, e quando pude endereçar isso ao próprio caso percebi que a única surpresa da parte do paciente foi o fato de eu mesmo ter percebido a situação e me disposto a falar (ele mesmo, descobri então, já estava bem a par da situação); numa terceira situação desse tipo que me lembro de ter vivido, a simples "tomada de consciência" acerca do processo promoveu a mudança necessária em minha disponibilidade e presença, de forma que o assunto nem chegou a ser explicitamente tratado entre nós (imagino que situações como essa sejam bastante comuns no cotidiano clínico, com as disposições hipócritas sendo "ventiladas" e superadas em supervisão ou em discussões clínicas casuais).

Para além da descrição do fenômeno em si, três complicadores do quadro geral merecem alguma menção. O primeiro complicador que gostaria de mencionar diz respeito a um pacto hipócrita praticado pela comunidade psicanalítica, que frequentemente sustenta o discurso segundo o qual as análises que vão mal deveriam isso aos pacientes – esquivando-se, assim, das discussões a respeito do aprofundamento necessário da análise dos analistas e da "higiene mental do analista". O segundo complicador diz respeito à forma como essa dinâmica transferencial (sustentada pela hipocrisia profissional) retoma e repete vivências de traumatismo e abuso: à medida que o sofrimento do paciente é recusado, a situação em si repete uma dinâmica histórica sofrida pelo paciente; a questão, aqui, é que uma análise que se desencaminha para uma paralisia fundada na hipocrisia profissional do analista retraumatiza os pacientes nessa situação (o que significa que, além de não ajudar, piora). O terceiro e último complicador diz respeito ao fato de que, em muitos casos de "funcionamento hipócrita", o analista mobiliza a própria teoria psicanalítica como recurso defensivo, para "justificar" uma postura fria, indisponível ou mesmo cínica diante de seus pacientes (risco que levanta a discussão sobre a importância de um uso equilibrado da teoria na mobilização do pensamento clínico psicanalítico).

A dinâmica apontada por Ferenczi pode gerar no clínico alguma insegurança e, no limite, até uma desconfiança – afinal, os processos analíticos são complexos, e em muitas ocasiões o analista se vê confrontado com momentos e processos difíceis e de aparente estagnação; como saber, nessas situações, se não se estaria incorrendo em alguma forma de pactuação traumatizante com o paciente, projetando hipocritamente sobre o caso as limitações de sua própria disponibilidade mental/emocional? Esse tipo de situação não parece ter sido uma questão para o próprio Ferenczi, que, ao que indica a historiografia, dispunha de uma entrega e uma devoção aparentemente infinitas para sua clínica (o que não é necessariamente bom). Para aqueles com disposição menos heroico-sacrificial que a do próprio Ferenczi, mas ainda assim preocupados com o desempenho de um bom trabalho em suas clínicas (espero, claro, que seja esse o caso do leitor), é importante sinalizar que a noção de hipocrisia médica não funciona como "bússola", na medida em que isso instalaria uma disposição de espírito um tanto "paranoica"; parece mais adequado e frutífero, nesse sentido, considerá-la um chamado à humildade e à honestidade intelectuais do clínico.

Essa lição ferencziana, que numa leitura maldosa poderia parecer moralizar o campo psicanalítico, parece-me, ao contrário, uma pista em direção a uma ética do cuidado na práxis clínica – uma que escuta o paciente com respeito e interesse, preserva a honestidade e a humildade intelectuais e evita pactuações narcisistas e hipócritas quanto ao "excelso saber" do analista sobre seu ofício (e sobre a mente dos outros).

Referências e indicações de leitura

Dean-Gomes, G. (2019). *Budapeste, Viena e Wiesbaden: o percurso do pensamento clínico-teórico de Sándor Ferenczi*. São Paulo: Blucher.

Ferenczi, S. (1933/1992). Confusão de língua entre os adultos e a criança. In S. Ferenczi, *Obras Completas* (Psicanálise IV). São Paulo: Martins Fontes.

OTTO RANK (1884-1939)

23. O duplo na clínica

André De Martini

Não é nenhum exagero atribuir à literatura um papel tão importante para a psicanálise quanto o da clínica médica antes que ela encontrasse seu caminho como uma psicologia do inconsciente. O duplo, o *Doppelgänger*, o reflexo do espelho, a própria sombra, o irmão gêmeo maligno etc. são temas da tradição literária, da dramaturgia e do cinema. E foi um filme de 1913, *O estudante de Praga*, que inspirou Otto Rank a escrever seu seminal artigo sobre o duplo, publicado no ano seguinte. Ele foi dirigido por Paul Wegener e Stellan Rye, com roteiro adaptado por Hanns Heinz Ewers, autor do livro que originou a produção.

O motivo literário do duplo apresenta classicamente a divisão moral entre o bem e o mal. Sua narrativa segue, em geral, a seguinte linha: um personagem se vê diante de uma oportunidade de se livrar de seus tormentos e sofrimentos a partir da criação de um duplo, um símile; este então se torna o depositário de todos os males, e o personagem original passa a ter tudo aquilo que desejou de bom para si (riqueza, fama, poder ou um amor almejado). Mas o mesmo recurso que permitiu essa operação também ameaça, mais tarde, reverter os polos. O personagem passa a ser perseguido pelo temor de perder tudo, de ser roubado e substituído por seu duplo. Os eventos acabam culminando em um desfecho trágico, como a morte, o enlouquecimento ou o exílio.

As pesquisas psicanalíticas, guiadas pela experiência clínica com os pacientes, permitiram outras perspectivas para a compreensão do duplo, além daquelas típicas da tradição literária. A impossibilidade de um amor, bem como a obsessão pela própria imagem foram compreendidas por Rank em termos da libido narcísica, dos investimentos no próprio eu enquanto objeto de amor, ódio e agressividade.

O duplo corresponderia, do ponto de vista psicológico, a uma divisão defensiva do eu a partir das experiências de prazer-desprazer, criando duas versões de si. Uma abrigaria tudo o que é vivido como prazeroso, e seria aquela que procuraríamos manter como a versão reconhecida de nós mesmos. A outra sofreria uma espécie de alienação (nunca inteiramente levada a cabo), pela qual tentaríamos nos livrar de tudo o que traz dor e sofrimento. Mas sendo igualmente uma parte do eu, ela inevitavelmente voltaria para cobrar seu lugar de direito.

Outra origem para o duplo estaria também na reativação de versões passadas de nosso próprio eu, com as quais nos depararíamos como familiares e, ainda assim, diferentes de nós mesmos. Por fim, o duplo está sempre ligado a operações defensivas ou conflitivas do eu, habitualmente envolvendo culpa, desejos incestuosos, impulsos repreensíveis ou aspectos maus de si. Passarei agora a alguns recortes clínicos que puderam ser pensados por mim a partir das questões psicanalíticas levantadas pelo duplo.

Atendi a esse paciente por dois anos. Apesar de ele se mostrar bastante cuidadoso e respeitoso com as pessoas em sua vida, frequentemente encontrava no trânsito uma situação muito atípica para sua personalidade. Bastava um evento qualquer de impasse para deixá-lo transtornado e exaltado, a ponto de se colocar em risco (com perseguições, xingamentos, fechadas etc.). Toda vez que a situação se repetia, ele me contava descrevendo o outro motorista como "um... imbecil", um homem que intencionalmente buscava humilhá-lo.

Certa vez, perguntei a ele se se tratava sempre de um homem. Pensativo, admitiu que na maior parte das vezes nem conseguia ver quem era. E que, de fato, já tinha acontecido algumas vezes de se deparar com uma motorista mulher, ou então um idoso, o que o deixava imediatamente envergonhado, desfazendo completamente seu ódio. Comentei, então, que parecia fundamental que essa figura fosse alguém parecido com ele próprio, alguém com quem a competição era sempre ameaçadora e humilhante.

Como aponta Rank (1925/2014), é inerente à figura do duplo o abalo narcísico da imagem do eu, o caráter persecutório, de usurpação ou disputa, tendo no horizonte a destruição de um ou outro da dupla. Em suas palavras, "O impulso de se livrar do sinistro adversário de forma violenta faz parte, conforme vimos, dos traços essenciais do motivo" (p. 16). No caso desse paciente, o duplo surgia como uma via de expressão dos impulsos destrutivos que não podiam aparecer em outros aspectos de sua vida.

Uma paciente me contava como sua avó, com um histórico de esquizofrenia, frequentemente julgava que algum dos parentes havia sido substituído por uma cópia, uma versão má e viciosa da pessoa original. Via de regra era alguém com quem tinha se indisposto, por um motivo qualquer. Ela contava isso à minha paciente como um segredo: "Sabe o fulano? Não é ele. É uma outra pessoa, que tomou seu lugar". Trata-se aqui de uma realização quase caricata da divisão moral entre o bem e o mal da tradição literária, apontada por Rank (1925/2014).

O duplo pode se apresentar também em sua fase mais inofensiva, com um espectro positivo de sentimentos. Atendi a um paciente que cultivava, há muitos anos, uma espécie de devaneio recorrente. Era uma história medieval que ia compondo ao longo do tempo: um reino de fantasia com castelos, exércitos, batalhas e intrigas políticas, e vários personagens, cada um com seu enredo próprio. Mas, em vez de pessoas, eram formigas. Isso poderia suscitar imediatamente uma objeção, pois como poderia haver um duplo, nesse caso? A resposta, contudo, é simples, pois em algum nível esse paciente sentia-se pequeno e insignificante como uma formiga – um sentimento de origem infantil. Havia, assim, um dos personagens que era uma espécie de duplo seu, um cavaleiro responsável por missões específicas de proteção à rainha, envolvendo sacrifício, astúcia e solidão. A dignidade e a força desse personagem compensavam antigos sentimentos de orgulho ferido e impotência, vividos na infância.

Esse tipo de inversão é também encontrado na tradição literária. Algumas histórias sobre o duplo, com o passar do tempo, foram perdendo seus aspectos mortíferos e ameaçadores (Rank, 1925/2014), sendo então substituídos por perspectivas de bonança, amor e grande autoestima. São versões em que o caráter defensivo e compensatório assumiu o controle sobre a história.

Ainda nesse sentido profícuo, lembro-me de um relato de sonho em que o paciente estava pendurado em um penhasco, prestes a cair. Ao mesmo tempo, ele estava observando a cena, e então correu para socorrer a si próprio. Ao acordar, ficou ainda por muitas horas com a forte sensação de segurar a própria mão. O encontro com a própria imagem é capaz de produzir um forte sentimento, e podemos retraçar sua origem em um significativo evento do desenvolvimento infantil. Para ilustrá-lo, Rank resgata a descrição do poeta Jean Paul, conforme seu biógrafo Schneider: "A lembrança mais estranha de sua infância, relatada por Jean Paul, foi quando, ainda garoto, a revelação 'eu sou um Eu' fulminou-o como um raio que caiu do céu e que desde então permaneceu iluminado em sua frente" (Rank, 1925/2014, p. 32).

Espero que os trechos clínicos apresentados tenham transmitido uma impressão mais viva da intersecção possível da psicanálise com a tradição literária do duplo.

Referências e indicações de leitura

Rank, O. (1925/2014). *O duplo: um estudo psicanalítico.* São Paulo: Dublinense.

24. O mito do nascimento do herói: desejo e culpa

Viviana Carola Velasco Martinez

Em 1873, inspirado na *Ilíada* de Homero, Schliemann descobre Troia e os olhares científicos voltam-se, então, para uma grande invenção da humanidade: o mito e seus heróis. Anos mais tarde, Freud, grande apreciador da arte da Antiguidade Clássica, toma o mito como objeto privilegiado da sua teoria, considerando-o expressão do inconsciente. E, desde a carta 71, de 1897, dirigida a seu amigo e confidente Fliess, introduz o mito de Édipo na formulação de conceitos centrais para a psicanálise, como o complexo de Édipo, o complexo de castração e a cena primitiva (Martinez, 2017). Também incentiva seus discípulos Jung, Rank, Abraham e Jones a pesquisarem o mito. É nesse contexto que Rank publica, em 1909, seu famoso livro *O mito do nascimento do herói*, no qual mantém a ideia central de Freud de encontrar, nos mitos e nas lendas populares de diversas culturas, os mesmos conteúdos fantasmáticos da vida psíquica infantil, sobretudo a partir do tema de Édipo.

Rank chama a atenção para o fato de o herói mitológico ter sido abandonado ao nascer, sobreviver extraordinariamente e voltar à sua origem para derrotar os soberanos. E identifica nessas temáticas o conflito edípico como denominador comum, se apoiando na afirmação de Freud (citado por Rank, 1909/1983):

> *É destino de todos nós, talvez, dirigir nosso primeiro impulso sexual para nossa mãe, e nosso primeiro ódio e primeiro desejo assassino, para nosso pai. . . . O rei Édipo, que matou seu pai e tomou a sua mãe em casamento, nada mais é que a realização de nossos desejos infantis (pp. 14-15).*

Assim, Rank propõe, a partir da interpretação de uma diversidade de mitos do nascimento do herói, a construção de uma lenda-tipo:

- o herói é filho de pais eminentes;
- o seu nascimento esteve precedido de dificuldades, como esterilidade ou relações proibidas entre os pais;
- antes ou no curso da gestação, um presságio alerta contra esse nascimento, perigoso para o pai;
- assim, o recém-nascido está destinado à morte ou ao abandono, e a sofrer nas mãos da autoridade;
- o abandono se dá nas águas de um mar ou rio;
- o herói é salvo por animais ou pessoas de origem humilde;
- quando adulto, por meio de inúmeras aventuras, o herói reencontra seus nobres pais, vinga-se do pai e também é reconhecido e obtém glória e fama.

Eis agora um resumo dos mitos dos heróis apresentados por Rank.

Sargão, fundador de Babilônia (2800 a.C.), foi abandonado após o nascimento por sua mãe, uma vestal, num rio dentro de uma cesta. O rio o levou-o até Akki, um trabalhador dos campos, que o educou como seu próprio filho e o transformou em jardineiro.

Karna é o herói do *Mahabharata*, poema épico da Índia. A sua mãe Pritha – ou Kunti –, sendo virgem ainda, engravidou do deus solar Surya. Karna nasceu com os brincos dourados do seu pai e uma couraça impenetrável. Mas a mãe o escondeu e logo o abandonou numa cesta depositada nas águas do rio Açva. Um casal piedoso e sem filhos o adotou.

Moisés também é um herói que, abandonado pela mãe numa cesta, foi salvo e adotado por uma princesa egípcia, que o criou como um filho.

Rank aponta semelhanças nas histórias de Sargon e Moisés, e as aproxima de outros heróis da mitologia egípcia, como o deus egípcio Thoth, ou mesmo Osíris, que também flutua sobre o mar, fechado num cofre. Outros mitos apresentam o mesmo tema do abandono e da sobrevivência, como a lenda neozelandesa de Maui-tikitiki, o usurpador polinésio do fogo: a mãe abandona o recém-nascido numa tábua nas águas, mas a criança é encontrada e adotada por uma mulher rica e sem filhos. Um mito de Singapura relata que a esposa do Rajah Bersujak recebeu uma criança que navegava numa bolha de espuma. Também o mito do nascimento de Maui, da Polinésia, apresenta o episódio do abandono: o herói nasceu prematuramente na beira do mar e, embrulhado num cacho do cabelo da mãe, foi lançado na espuma do mar, onde foi envolto por medusas que o protegeram. Em perigo de ser devorado, um grande ancestral, o Céu Tama-nuiki-te-Rangi, o tira do mar e descobre que se tratava de um ser humano.

Rank também vai traçar uma analogia entre o mito de Abraão e o de Moisés, o primeiro como origem da história judaica e o segundo como ancestral da nação hebraica. Uma revelação indica ao rei Nimrod que o trono e o poder estavam em perigo, pois um filho tomaria posse. O pai de Abraão, então, o esconde no fundo de uma gruta, afirmando que o bebê havia nascido morto, mas Deus permite que, ao sugar o dedo polegar, seja alimentado com leite.

Finalmente, Rank se refere a vários heróis gregos, como Páris, Perseu, Héracles... Porém, o célebre mito de Édipo, imortalizado por Sófocles (427 a.C.) na tragédia *Édipo Rei*, merece aqui um destaque, pois ele inspira Freud, vimos, e ilustra claramente os temas destacados por Rank: o abandono ao nascer, a sobrevivência heroica e o triunfo sobre o pai, destacando-se como protótipo de todos os mitos de heróis.

Um oráculo vaticina ao rei Laio e a sua esposa Jocasta que um filho matará o pai e desposará a mãe. Bebê, Édipo é condenado à morte e entregue aos reis de Corinto. Mais tarde, acreditando que os reis fossem seus verdadeiros pais, foge da cidade. Mas, no caminho, se enfrenta com Laio e o mata, sem saber que era seu pai. Viúva, Jocasta oferece casamento para o herói que vencer a Esfinge, que devorava todo viajante. Édipo vence o monstro, transformando-se, assim, em rei de Tebas junto com Jocasta. Mas Édipo descobre seu duplo crime, parricídio e incesto, e, após arrancar os olhos, parte para o exílio; Jocasta comete suicídio. Um fim trágico também espera pelos quatro filhos do casal, o que é encenado em *Sete contra Tebas*, de Ésquilo, e *Antígona*, também de Sófocles.

Para Rank, a força de todo drama mítico, que começa com o abandono do herói após seu nascimento, se repete na história de todo ser humano e aparece na clínica, como veremos nessa vinheta.

Uma paciente relata um sonho bem simples, mas terrivelmente angustiante. Caminha numa feira e vê dois cartazes nos quais está escrito Hefa I, num, e Hefa II, noutro. Associa com Hefaístos, o deus grego forjador dos metais. Dos vários aspectos do mito, a paciente fala de um duplo abandono sofrido pelo deus/herói. Ao tentar defender a mãe, a deusa Hera, numa briga de ciúmes com

Zeus, este joga Hefaístos para fora do Olimpo. Um deus caído só poderá retornar quando outro deus o recolher. Então desce Hera, o toma nos seus braços para levá-lo de volta, mas ao vê-lo tão machucado o joga novamente, abandonando-o. A paciente chora, diz ter sido abandonada, primeiro pela mãe, depois pelo pai, por estar estragada – como o deus –, mas a sua angústia escondia aspectos edípicos que foram se revelando mais tarde, em torno de um abuso – o que a havia estragado – e sua fantasia de ter um casamento reparador com o pai, se vingando da mãe que a abandonara e rejeitara. É surpreendente a repetição do tema do abandono nos relatos dos pacientes, vinculados às provações do herói e, sobretudo, a uma exacerbação edípica, própria da neurose, na qual está implicado tanto desejo quanto a necessidade de renúncia. A forte hostilidade da paciente contra a mãe a fazia fantasiar uma vingança terrível, responsável também pelo seu intenso sentimento de culpa e ambivalência.

Referências e indicações de leitura

Abraham, K. (1909/2020). *Sonho e mito: um estudo sobre a psicologia dos povos.* Porto Alegre: Artes & Ecos.

Freud, S. (1900/1999). A interpretação dos sonhos. In S. Freud, *Edição Standard Brasileira das Obras Psicológicas Completas de Sigmund Freud* (Vol. V). Rio de Janeiro: Imago.

Martinez, V. C. V. (2017). Do mito e dos seus heróis: o sexual, a cultura e a psicanálise. In J. P. da Costa (Org.) *Psicanálise e mitologia grega: ensaios.* Curitiba: Appris.

Rank, O. (1909/1983). *Le mythe de la naissance du héros.* Paris: Payot.

25. O trauma do nascimento: a origem do sofrimento humano

Viviana Carola Velasco Martinez

Otto Rank, discípulo e grande divulgador das ideias de Freud, publicou O "trauma do nascimento" em 1924. Suas ideias acerca do nascimento como o verdadeiro trauma e causa das neuroses, e até como explicação da evolução total da humanidade, não só desagradaram Freud, mas selaram a ruptura entre ambos. Freud (1897/1991) já havia descoberto que, independentemente dos eventos traumáticos concretos, eram as fantasias em torno de desejos inconscientes que causavam conflitos, levando à neurose.

Pois bem, Rank propõe o nascimento, um fenômeno indiscutivelmente universal, como o evento traumático que impulsionará o inconsciente e se transformará na origem e na fonte de todas as angústias humanas. O nascimento, diz o autor, não só implica um excesso de transtornos fisiológicos, como dificuldades respiratórias, estreiteza, angústia, sofridos pelo recém-nascido, mas marca a transformação de um estado pleno de satisfação, no ventre materno, em um estado penoso. Um estado de completude que, mesmo que tenha de ser abandonado pela realidade do próprio nascimento, imprimirá no inconsciente um desejo pelo retorno. Para impedir tal retorno, o psiquismo instala uma barreira, a repressão, que se manifesta na forma de angústia. Uma angústia primeira que se desdobra em um sentimento emergente de culpa, pois o desejo inconsciente de voltar ao ventre materno implica a efetivação de uma união incestuosa. É nesse sentido que, para Rank, o pai é o obstáculo que impede tal retorno.

Mas o trauma do nascimento permanecerá ao longo da vida do ser humano, mantendo vivo o desejo de retornar ao ventre materno, e se materializará em todas as formas de sofrimento de modo geral.

Para sustentar essa concretude e generalidade do trauma do nascimento, Rank se debruça sobre vários temas. Por exemplo, se refere à angústia infantil vinculada às fobias de animais – bastante comuns na infância – como um dado inequívoco dos efeitos do trauma do nascimento, e que poderá perdurar inclusive na idade adulta, na forma de uma neurose. Assim, o medo de ser engolido por grandes animais ou que pequenos insetos penetrem pelos orifícios no corpo significa, para o inconsciente, voltar ao ventre materno, sempre com o objetivo de usufruir novamente dos prazeres da completude, desencadeando angústia.

Por outro lado, também a masturbação infantil, para Rank, remete ao desejo do retorno definitivo ao ventre materno numa união sexual, o que igualmente gera angústia e sentimento de culpa, dentro da mesma variação do edípico.

Outro tema abordado pelo autor e que também se desdobra do trauma do nascimento é a castração, pois a separação no nascimento implica a castração da mãe – uma mulher desprovida de pênis –, além da castração simbolizada no desmame da criança e, ainda, mais tarde, na ameaça de castração proferida à criança. A resposta, como defesa, será a negação da castração, que é, afinal, uma negação do trauma do nascimento, pois expõe a difícil tarefa de renunciar à mãe e aos prazeres experimentados no seu ventre.

Rank se refere, ainda, ao longo dos seus capítulos, a outros temas que mostram os efeitos do trauma do nascimento, como o tema da morte. A criança, diz o autor, não teme a morte porque a identifica ao estado intrauterino, ao qual deseja retornar.[1] Também temos o tema da origem. Não é o enigma da procriação que atormenta a criança, continua o autor, mas o seu desejo de voltar ao ventre materno. Contudo, tal fantasia, de uma vida intrauterina restituída, estará sempre perturbada pela relação sexual dos pais, sendo que o pai representa o primeiro separador entre a criança e a mãe, vimos, tornando-se assim o objeto de uma inimizade edipiana arcaica, do que se desdobra a ideia do pai parteiro.

Contudo, as exigências da vida impõem à criança a necessidade de uma separação definitiva da mãe, por intermédio de um processo adaptativo à realidade. Nesse sentido, para o indivíduo saudável, as barreiras psíquicas afetivas são suficientes para evitar tal retorno. Já para o neurótico, a intensidade da libido investida na mãe e no estado intrauterino de completude dá força ao id para desejar o retorno, desencadeando um conflito que exige defesas do ego na forma de sintomas diversificados, mas cuja fonte é sempre a angústia primária. Rank propõe, então, uma intervenção clínica específica.

Sua experiência clínica, pautada nos relatos dos pacientes de sonhos ou associações de temas que remetem à situação pré-natal, bem como a constatação de fantasias de um novo nascimento na fase final da análise o levam a sustentar que o trauma do nascimento é revivido na análise e, por isso, é possível preparar o paciente para uma renúncia do desejo de retorno e fusão com a mãe.

O ponto de partida do tratamento, diz Rank, é o fato de os neuróticos identificarem o analista à figura da mãe, o que permitirá que no processo de cura se faça a transferência da libido materna

[1] O mesmo vale para o tema da imortalidade nos mitos de heróis.

para o analista, como uma mediação para o seguinte passo que seria precisamente a renúncia à fixação edípica infantil, apesar da força do vínculo fisiológico da criança com a mãe. Dessa elaboração resultaria a fantasia de um nascimento espiritual da criança, nascida novamente da psicanálise. Um segundo nascimento que, para Rank, não seria meramente metafórico, pois durante a análise se reproduziria a vida intrauterina e o novo nascimento efetuaria uma separação real da mãe, referente ao momento do verdadeiro nascimento. Nesse caso, privilegia-se a técnica ativa, com uma curta duração e pautada na definição de limites temporais, como condição favorável para abandonar a fixação à mãe, o que culmina com a separação do analista. E é disso precisamente que se trata, de destacar a separação iminente que se produzirá do analista, provocando uma mudança no eu em relação ao inconsciente. Assim a libido será dosada e orientada para a adaptação, interrompendo a repetição do trauma inicial. Tal adaptação à realidade se apoia nos substitutos produzidos no processo de humanização, nos conteúdos manifestos mais elevados da atividade espiritual do homem, nas suas criações.

O que nos diz a clínica hoje sobre o trauma do nascimento? É verdade que alguns pacientes de alguma forma dizem algo do nascimento durante a análise. Um único paciente dos que atendi, por exemplo, que havia sofrido um grave ataque num assalto, depois de um longo tratamento em hospital e em análise, me disse, um dia, que há meses lutava pela sua recuperação e que por fim se sentia forte e com ânimo para retomar sua vida. E quando fez o cálculo, haviam passado exatamente nove meses. Efetivamente estava se gestando simbolicamente um novo ser – num ventre análise-hospital –, um sobrevivente que explicava assim sua recuperação, sem que isso significasse reviver objetivamente o seu nascimento, ou que a libido regredisse ao estado intrauterino como propõe Rank. Trata-se, antes, de um movimento de construções representacionais para dar sentido ao sofrimento, para simbolizá-lo por meio das versões produzidas pela cultura sobre a própria origem, sobre o nascimento e sobre um estado perdido que se supõe de completude. Isso ajuda a suportar o desamparo a que estamos submetidos porque existimos.

Referências e indicações de leitura

Freud, S. (1897/1991). Carta 69. In S. Freud, *Obras Completas* (Vol. 1). Buenos Aires: Amorrortu.

Freud, S. (1926/1994). Inhibición, síntoma y angustia. In S. Freud, *Obras Completas* (Vol. 20). Buenos Aires: Amorrortu.

Laplanche, J. (1988). *Castração, simbolizações* (Problemáticas II). São Paulo: Martins Fontes.

Rank, O. (1924/1985). *El trauma del nacimiento*. Barcelona: Paidós.

Stein, C. (1988). *As Erínias de uma mãe: ensaio sobre o ódio*. São Paulo: Escuta.

WILHELM STEKEL (1868-1940)

26. Os estados nervosos de angústia

Caio Padovan

Enquanto categoria clínica, os chamados "estados nervosos de angústia" serão inicialmente discutidos por Wilhelm Stekel em 1907, em um breve ensaio intitulado *As causas do nervosismo*. Contra Freud, o autor sustentará a hipótese de que toda neurose – incluindo as neuroses atuais – resultaria de um conflito psíquico. No ano seguinte, em 1908, em *Os estados nervosos de angústia e seu tratamento*, Stekel desenvolverá essa mesma hipótese, introduzindo em psicanálise uma nova categoria clínica, a "histeria de angústia".

Sabemos que em 1909, em meio à discussão sobre o caso Hans, a noção de histeria de angústia será assimilada por Freud às fobias. Mais tarde, em 1915, em dois artigos metapsicológicos, *O recalque* e *O inconsciente*, Freud descreverá em detalhe o mecanismo próprio a essa forma de histeria. Contudo, comparando as definições dadas pelos dois autores, notamos algumas diferenças, que tenderão a se acentuar com o tempo. No caso particular de Stekel, podemos acompanhar essas transformações ao longo das quatro edições de seu trabalho sobre os estados nervosos de angústia, datadas de 1908, 1912, 1920 e 1924. Neste capítulo, nos concentraremos na primeira edição de 1908, que parece ter influenciado de maneira mais evidente a história do movimento psicanalítico.

Já em 1907, em seu texto sobre as causas do nervosismo, Stekel fará a crítica da etiologia puramente orgânica das neuroses atuais (neurastenia e neurose de angústia), como ela havia sido inicialmente concebida por Freud em 1895. Segundo o autor, ambas as neuroses estariam necessariamente associadas a causas psíquicas, nem sempre de origem sexual, encontrando no mais das vezes sua etiologia nas exigências do mundo moderno.

No primeiro capítulo de sua obra sobre os estados nervosos de angústia, Stekel inicia estabelecendo uma importante distinção entre os conceitos de "angústia" (*Angst*) e "medo" (*Furcht*). De acordo com o autor, a sensação de medo se refere sempre a um objeto real, percebido como uma ameaça pelas "pulsões de autoconservação" (*Selbsterhaltungstriebe*), ou "pulsões de vida" (*Lebenstrieb*). Por outro lado, embora também associados às pulsões de vida, os sentimentos que caracterizam os estados de angústia se referem sempre a um objeto desconhecido. Segundo Stekel, esse desconhecimento se deve à ação do "recalque" (*Verdrängung*), implicando, portanto, a existência de um desejo ou prazer que precisou em um dado momento ser afastado da consciência. Diferente do medo, conclui o autor, que se aplica a um objeto nocivo e hostil, fonte de desprazer, a angústia representa, por definição, um objeto de desejo, fonte de um prazer proibido.

Assistimos aqui à emergência de uma nova concepção de angústia, não mais ligada ao acúmulo de uma tensão sexual não descarregada, como propunha Freud até então, mas como um estado nervoso cuja expressão estaria associada à participação de um mecanismo psíquico particular, o recalque. Nesse sentido, o sentimento de angústia corresponderia ao impacto na consciência da energia liberada pelo recalcamento de uma representação inconsciente.

No segundo capítulo de sua obra, intitulado "A natureza do recalque", Stekel discutirá alguns de seus princípios teóricos, mobilizando para tal uma série de noções bastante heterodoxas para a época. Entendendo que toda pulsão comporta o seu contrário e que a pulsão sexual seria a mais forte das pulsões de vida, Stekel considera que o recalque conduz à "supressão" (*Unterdrücken*) do componente vital da pulsão, passando a expor o organismo ao seu componente mortífero, a "pulsão de morte" (*Todestrieb*). Nas palavras do autor, a angústia seria "uma reação contra o avanço da pulsão de morte, então oriunda da supressão da pulsão sexual" (p. 4).

Para ilustrar seus pontos de vista, Stekel descreverá três exemplos extraídos da clínica. O primeiro deles evoca um caso de agorafobia, observado em um homem de 28 anos, de origem humilde, operador de caixa em um grande banco, que se depara cotidianamente com uma grande soma de dinheiro e que pretende em algum momento fugir para a América. Após descartar uma causa estritamente sexual para os sintomas do paciente, Stekel sugere que o desejo recalcado de embolsar o dinheiro que passava pelas suas mãos teria liberado neste homem um afeto de angústia que se associaria metaforicamente aos espaços abertos que tanto o aterrorizavam, representando assim a imensidão do oceano que o separava do novo continente. Em um segundo exemplo, Stekel cita a história clínica de uma mulher que se diz incapaz de ficar sozinha em casa, exigindo sempre a presença de um parente próximo de seu marido. Ao longo do tratamento, descobre-se que a mulher era sexualmente infeliz no casamento e que temia não resistir à tentação de trair o marido com outro homem. O recalque desse desejo teria então liberado um afeto de angústia que passaria a servir à paciente como medida protetora contra a ideia de se relacionar com outros homens. O terceiro e último exemplo traz o caso de uma mulher com sintomas de tremor acompanhado de perda de consciência. A investigação analítica revela que, aos quatorze anos de idade, a paciente havia se permitido de tudo um pouco com seu professor de piano, evitando apenas o coito. Seu primeiro ataque ocorreu na noite de Natal, durante as orações. Mais tarde, já adulta, essa mesma paciente se envolveria sexualmente com o marido de sua melhor amiga. Segundo Stekel, o conflito moral vivido por essa mulher, de profundas convicções religiosas, estaria na origem de seus estados de angústia.

A partir dessas três vinhetas clínicas, o autor busca demonstrar que os estados nervosos de angústia podem estar associados a conflitos de natureza não diretamente sexual, como parece ter sido o caso do homem agorafóbico, que colocou em cena seu desejo de fugir para a América embolsando o dinheiro do banco no qual trabalhava. Por outro lado, quando manifesto no plano libidinal, Stekel insiste que o acesso de angústia implica sempre o recalque, como sugere o segundo caso supracitado, não se reduzindo, portanto, ao simples efeito de uma privação sexual. Por fim, esses mesmos estados de angústia podem ainda resultar de um conflito moral, de modo que o recalque, ao suprimir o componente vital da pulsão, daria livre curso ao seu componente mortífero, como parece ter ocorrido no caso da última paciente descrita.

Sabemos que essas ideias serão todas integradas pela teoria psicanalítica entre os anos 1910 e 1920. Essa integração se mostra mais evidente a partir da leitura do segundo exemplo descrito por Stekel, um caso típico de histeria de angústia. A aproximação com a histeria se justifica pela semelhança dos mecanismos psíquicos envolvidos. Nos dois casos, a libido será retirada do objeto pela ação do recalque. A diferença é que em um desses casos a energia liberada será convertida, passando a investir uma inervação somática, ao passo que no outro ela se torna livre, expressando-se na consciência como angústia. O primeiro e o segundo exemplos nos fariam pensar nos papéis exercidos pelo superego, como definido por Freud em 1923, na quinta seção de *O ego e o id*, e pelo masoquismo moral, como descrito pelo mesmo autor em 1924, em *O problema econômico do masoquismo*.

Referências e indicações de leitura

Stekel, W. (1907). *Die Ursachen der Nervosität*. Wien: Paul Kepler.

Stekel, W. (1908). *Nervöse Angstzustände und ihre Behandlung*. Berlin, Wien: Urban & Schwarzenberg.

Stekel, W. (1930). *Les États d'angoisse nerveux et leur traitement*. 4ème ed. trad. Lucien Hahn. Paris: Payot.

Stekel, W. (1947). *Estados nerviosos de angustia y su tratamiento*. 4ª ed. Jorge Thomas. Buenos Aires: Iman.

Stekel, W. (1999). *Conditions of nervous anxiety and their treatment*. 3th ed. Samuel Lowy. London: Routledge.

27. "O sonho é um microcosmo no qual todo o macrocosmo mental está espelhado"

Marina Bialer

Assim como Freud, Wilhelm Stekel deu grande importância à interpretação dos sonhos para a prática e a teoria psicanalíticas, enfocando o sonho como a via régia para o inconsciente. Para Stekel (1943a), "somente alguém que é um mestre na arte de interpretação dos sonhos pode ser um bom psicoterapeuta" (p. 152), pois "o conhecimento da arte da interpretação do sonho é de suprema importância para o analista e para o psicoterapeuta não importa de qual escola" (p. 479).

Na teorização stekeliana, o sonho é um dos pilares da psicanálise, pois "o sonho é um microcosmo no qual todo o macrocosmo mental está espelhado" (Stekel, 1943a, p. 153). Na abordagem stekeliana, em um nível, analisa-se a figurabilidade onírica em termos de partes/funções do psiquismo e de como aquele sonhador funciona dinamicamente. Em outro nível, analisa-se como se personificam os aspectos transferenciais, por meio de forças e personagens, que por sua vez podem se manifestar de modo ampliado por diferentes imagens oníricas. Na vasta quantidade de casos clínicos em seus livros, é frequente uma análise pormenorizada dos sonhos, com destaque para as manifestações figurativas da própria neurose – todo sonho figura uma "imagem plástica da neurose" (Stekel, 1943a, p. 19) – e das forças transferenciais – quais figuras/combinatórias representam o analista e o analisando e as lutas a favor e contra o tratamento, tendo por base a teorização de que sempre há uma representação onírica da relação transferencial em todo sonho.

Para apresentar o estilo stekeliano de interpretação dos sonhos, será citado um dos casos clínicos por ele analisado: um analisando, que manifestava um quadro de fobia de toque e de ser infectado por sífilis, procura análise quando seus cerimoniais se tornam tão rígidos que praticamente impedem seu funcionamento na vida cotidiana. Em seu primeiro sonho, no início da análise, o analisando conta que o rei da Espanha – Alfonso – deveria ser informado de que havia uma ameaça de assassinato contra sua vida. *A posteriori*, no decorrer do tratamento, Stekel retoma esse sonho e avalia que expressava sobretudo uma luta em cena entre ele e o analisando: a ameaça figurada era a da análise, a da cura. Sua tese é que não somente nesse caso, mas em todo tratamento, o analisando colocaria oniricamente em cena sua própria análise. E por meio do trabalho de interpretação, o analista tornaria consciente para o analisando estas duas tendências conflitivas (desejo de ser curado e eliminar seus sintomas *vs.* desejo de não melhorar, combate à análise e luta contra os esforços de cura feitos pelo analista) em suas manifestações transferenciais.

Um dos alicerces da interpretação stekeliana dos sonhos é a interpretação funcional. De modo a explanar como ele concebe essa técnica, será mencionada brevemente sua distinção entre a análise do material e a análise funcional de um sonho a partir de um fragmento onírico: o sonhador conta que abriu uma porta que estava fechada e, ao descerrá-la, acabou destruindo sua fechadura, de modo que ela nunca mais poderia ser totalmente fechada. A interpretação do material é que o sonhador está relatando seu desejo de defloração de uma mulher virgem que acabou de conhecer e a quem pretende seduzir, enfocando assim o simbolismo sexual do sonho. Já na interpretação funcional, o sonhador está relatando sua imersão no interior de si, referindo os riscos inerentes à busca analítica de um saber que aniquilará as ficções que havia construído sobre si mesmo.

Os dois tipos de interpretação são suplementares e se influenciam reciprocamente, sendo que a interpretação funcional dos sonhos tem relação com as funções da mente: na análise funcional, diferentes pessoas podem expressar partes distintas do ego, sendo marcante a luta entre o movimento para expressar algo e sua repressão. De todo modo, Stekel considera que nos sonhos se detecta a luta e o compromisso entre as forças conflitivas, entre as partes do ego. Desse modo, a interpretação funcional de um sonho se alicerça "no conteúdo do sonho como uma representação do processo de pensamento" (Stekel, 1943b, p. 536), pois "o microcosmo do sonho reflete o macrocosmo da vida" (p. 551). Isso porque "o sonho é um mundo microscópico, o qual reproduz em miniatura todo o mundo psíquico" (Stekel, 1917, p. 94).

Desse ponto de vista, a interpretação dos sonhos também engloba uma questão fundamental, que é a compreensão stekeliana do manejo da transferência, com destaque para "reconhecer a transferência positiva e a transferência negativa, rastrear as origens da resistência, e a própria resistência pode ser usada para promover o conhecimento de si" (Stekel, 1943a, p. 158). Notadamente, ele considera que os "sonhos de resistência" (p. 63) são particularmente reveladores de como o analista é o inimigo que quer remover o sintoma, entrar na fortaleza da neurose ameaçada pelo tratamento. Para ele, todo analisando é o comandante que protege sua fortaleza contra o ataque inimigo: a maneira como se posiciona e o que se dedica mais a resguardar revela o que ele mais quer esconder. Uma vez que o analisando expressa nos seus sonhos a relação que estabelece com o analista e com a análise, o sonho não fornece apenas elementos para se compreender o passado, como dá significativos indícios acerca do presente, podendo funcionar como um "guia inestimável em psicanálise" (Stekel, 1943a, p. 311), especialmente acerca da dinâmica transferencial em jogo: "o sonho é a ajuda mais valiosa na elucidação das resistências" (Stekel, 1943b, p. 311), tanto por seu potencial de representar simbolicamente a própria neurose quanto pela figuração da relação que o analisando estabelece com seu analista.

Além disso, é digno de nota que, para Stekel, havia uma consciência endopsíquica do sonhador que faria com que fossem figuradas oniricamente no sonho várias doenças psicossomáticas, de modo que doenças como asma, gagueira, fobia de enrubescimento, frigidez, impotência sexual, dentre outras, se fariam representar nos sonhos por meio da linguagem dos órgãos da mente. Aliás, ele sugeria inclusive que cada uma dessas somatizações teria seu próprio idioma.

Para concluir, pode ser mencionado que um elemento central na abordagem dos sonhos proposta por Stekel é a capacidade de empatia da parte do analista, que deve ser capaz de um "*insight* imaginativo" (Stekel, 1943a, p. 6) alicerçado na imersão no trabalho psíquico do sonhador. Sob essa perspectiva, o sonho é teorizado como um espelho para a mente, dependendo, contudo, de um artista, um analista imaginativo que saiba ver o que neste se espelha.

Referências e indicações de leitura

Stekel, W. (1917). The technique of dream interpretation. *The psychological review, IV*(1), 84-109.

Stekel, W. (1943a). *The interpretation of dreams: new developments and technique* (Vol. I). New York: Liveright.

Stekel, W. (1943b). *The interpretation of dreams: new developments and technique* (Vol. II). New York: Liveright.

MARGARETE HILFERDING
(1871-1942)

28. Metapsicologia do amor materno

Thaís Becker de Campos
Monah Winograd

Em 1911, Margarete Hilferding, a primeira mulher aceita como membro da Sociedade Psicanalítica de Viena, proferiu uma breve e ousada conferência nessa sociedade, predominantemente masculina, sobre as bases do amor materno. A psicanalista questionou o suposto instinto do amor materno inerente a todas as mulheres, vale ressaltar, não sem a resistência dos cavalheiros presentes.

Sua teoria era que esse amor espontâneo e instintivo, tão exaltado então e ainda hoje, não existe, mas sim um amor que é construído na relação entre a mãe e o bebê. O argumento de Hilferding, Pinheiro e Vianna (1991) é baseado na constatação de que muitas mães, por exemplo, experimentam o sentimento de decepção e frustração após o parto por não sentirem o tal sublime amor, nas ações hostis de mães em relação aos seus bebês – desde as mais sutis até o infanticídio – e no fato de se observar uma dinâmica afetiva diferente da mãe em relação aos diferentes filhos. Caso o amor materno fosse inato e, portanto, instintivo, nenhuma dessas situações seriam observadas. Hilferding e suas coautoras rejeitam que esses casos em suas manifestações mais extremas possam, simplesmente, ser rotulados como degenerações, como defendido por médicos e psicanalistas da época. Assim, buscaram desenvolver a explicação de uma dinâmica psíquica própria do estabelecimento da maternidade para a mulher.

Assim, para a psicanalista, o amor materno não é natural; ele não está dado, mas exige das mulheres e de seus bebês um trabalho psíquico para ser construído. Essa hipótese, contestadora do discurso social presente ainda em nossa cultura do entrelaçamento entre feminino e maternidade, provoca uma subversão na forma de compreender metapsicologicamente o fenômeno do amor materno.

A explicação psicanalítica defendida por Hilferding et al. (1991) para tais fatos tem como base a teoria pulsional. Freud (1905/2016), em *Três ensaios sobre a teoria da sexualidade*, descreve a pulsão como uma força ou energia que se encontra entre o psíquico e o corporal e que possui três atributos: meta, ou finalidade, que seria considerada sempre a satisfação ou a descarga do excesso de tensão; fonte, que sempre seria somática, ou seja, uma mobilização sentida como desprazer que vem do interior do organismo; e objeto, que é o meio pelo qual a pulsão atinge a sua meta, sua satisfação. O objeto é o que temos de mais variável, ou seja, os objetos preferenciais para satisfação não são dados naturalmente e vão sendo delineados conforme as experiências e as identificações dos sujeitos ao longo da vida.

Com essa teorização, a psicanálise freudiana traz à tona que nós, sujeitos, não somos dominados por instintos, mas impulsionados pela pulsão a buscar satisfação de variadas formas. Para esse trabalho de alívio psíquico nos utilizamos dos objetos pulsionais, alguns mais culturalmente privilegiados que outros, mas nenhum natural.

Hilferding et al. (1991), para contrapor a noção de amor materno inato, explicaram que o filho representa para a mãe um objeto, como qualquer outro. Ou seja, não existe uma predisposição feminina para tomar o bebê como objeto de satisfação, para amar seu filho, mas um vínculo libidinal que vai se estabelecendo por meio das trocas que são realizadas na gestação e após ao parto.

O contato físico é fundamental para a constituição do filho como objeto de satisfação da mãe, e os primeiros contatos ocorrem ainda na gravidez pelas movimentações fetais. Essas primeiras percepções da mãe em relação ao corpo do filho dentro de seu próprio corpo podem provocar sensações de prazer. Assim, a experiência de gestar é descrita, também, como uma relação sexual, uma relação que vai sendo libidinizada aos poucos.

Algo, porém, interrompe essa relação de forma abrupta: o parto. A saída do bebê põe fim à relação criada na gravidez e inaugura a necessidade de um novo trabalho, o do restabelecimento de um vínculo com o bebê, agora fora do ventre. Do ponto de vista psíquico, essa passagem é complexa, pois exige um luto pela relação que se perdeu ao mesmo tempo que se tem um outro estranho nos braços. Desse modo, poder-se-ia explicar o surgimento de reações aversivas da mãe para com o filho recém-nascido.

Na clínica contemporânea, escutamos mulheres que vivenciam esse momento de pós-parto com intensos sentimentos de culpa, inadequação e ansiedade, pois o que experimentam com a chegada do bebê, muitas vezes, não corresponde ao amor materno idealizado. Uma forma atual de traduzir essa situação em diagnóstico psiquiátrico é a famosa depressão pós-parto ou puerperal, que nada mais é que um estado deprimido nos primeiros meses após o parto.

Como exemplo, citamos o caso da paciente E., que procurou a análise 6 meses após o nascimento de seu primeiro filho. Sua queixa era que "tinha medo de não estar conseguindo ser uma boa mãe" por não sentir todo aquele apaixonamento que as pessoas relatam. Era uma mãe zelosa e preocupada com todos os detalhes da rotina do bebê: amamentação materna exclusiva em livre demanda, higiene, hora das sonecas, acolhimento. Mas, ainda assim, sentia como se "faltasse algo" e isso lhe provocava grande angústia. Relatava um sentimento de pena por seu bebê ter uma mãe supostamente fria. Sentia muita falta da liberdade que tinha antes da maternidade e isso despertava nela grande sentimento de culpa, como se estivesse fazendo algum mal ao seu bebê por verbalizar tal insatisfação. Por meio da análise, E. pôde se apropriar dos seus afetos ambivalentes e vivenciar sua maternidade de forma mais real e possível. Todo esse desencontro entre o trabalho psíquico de adaptação libidinal após o nascimento do filho e os ideais romantizados de maternidade provoca a intensificação do mal-estar materno. A conferência de Hilferding nos traz luz sobre esse fenômeno à medida que compreende o período pós-parto como um momento de muita mobilização pulsional.

Reconhecer o estado de tristeza, característico do luto, e os sentimentos ambivalentes e hostis que a mãe pode sentir em relação ao filho como partes do processo do estabelecimento da maternidade pode nos auxiliar a ter uma escuta mais atenta e acolhedora das mulheres que se tornam mães. Margarete Hilferding et al. (1991) foram precursoras e trouxeram grande contribuição para esse debate, ainda tabu, na psicanálise.

Referências e indicações de leitura

Freud, S. (2016). Três ensaios sobre a teoria da sexualidade. In S. Freud, *Obras Completas* (Vol. 6, pp. 13-172). São Paulo: Companhia das Letras.

Hilferding, M., Pinheiro, T., & Vianna, H. B. (1991). *As bases do amor materno*. São Paulo: Escuta.

SABINA SPIELREIN (1885-1942)

29. Pulsão de morte (pulsão de conservação da espécie)

Camila Terra da Rosa

Sabina Spielrein, uma das primeiras psicanalistas mulheres, médica de origem russa, desenvolve, em 1912, o conceito de pulsão de morte, em seu célebre – e cada vez mais debatido – trabalho: *A destruição como origem do devir* (1912/2014). Seu trabalho é citado em uma nota de rodapé de *Além do princípio de prazer* (1920/1996), texto em que Freud propõe sua conceituação da pulsão de morte.

Para nos aproximarmos de seu conceito pioneiro, precisamos fazer uma breve contextualização da teoria das pulsões em Freud naquele momento: era entendido que havia um dualismo pulsional (que se manteve durante toda a obra freudiana) entre pulsão de autoconservação e pulsão sexual. Tendo sido influenciada pela obra de Nietzsche, bem como por sua relação com Jung e seus atendimentos de pacientes psicóticos, Spielrein propõe uma nova abordagem da pulsão sexual, que vai além desse dualismo proposto na época. Ela parte da ideia de que o ciclo vida-reprodução-morte é recriado no psiquismo (Cromberg, 2014).

Para a autora, existiria a pulsão de autoconservação e a pulsão de conservação da espécie (que seria o mesmo que a pulsão de procriação). A primeira é entendida no mesmo modelo freudiano: uma pulsão que conservaria o eu, voltada ao eu, no sentido de protegê-lo, de cuidar de suas necessidades básicas. Porém, para Spielrein, esse retorno ao próprio eu poderia acarretar uma cristalização, uma rigidez inerte, que levaria à sua morte. Já a segunda pulsão (de conservação da espécie) é entendida como responsável pela possibilidade de transformação e criação, perpetuando a espécie por gerações. Porém, para que isso ocorra, haveria uma destruição do antigo (ou seja, do próprio eu) para criar o novo, em um movimento de devir. O risco desse processo seria a dissolução desse eu no outro, causando também a morte. É essa pulsão que Spielrein vai, em determinados momentos, chamar de pulsão de morte.

> *Portanto, em nosso âmago há algo que, por mais paradoxo que isso possa soar* a priori, *quer esse auto-prejuízo, pois, afinal, o Eu reage a ele com prazer. O desejo do auto prejuízo, o regozijo pela dor é, no entanto, completamente incompreensível se considerarmos apenas a vida do ego, a qual só quer ter prazer (Spielrein, 1912/2014, p. 105).*

Spielrein desenha uma pulsão que é traumática nela mesma, acentuando o desamparo pulsional de todo sujeito, entregue a um prazer angustiante, a um gozo doloroso (Cromberg, 2014).

Dessa maneira, podemos dizer que a teoria de Spielrein é dinâmica e possui um eterno movimento – um eterno devir. As pulsões não são entendidas de forma dual, mas em um fluxo de semelhança e diferenciação, que ocorre perpetuamente – no sujeito e na espécie. Spielrein coloca que em ambas as posições existe prazer – mesmo que não saibamos de qual ordem de prazer se trata – e, por isso, para ela, a pulsão de morte também se enlaça com o sexual.

Existe no eu uma tendência a uma busca pelo mesmo, pelo idêntico, para sentir-se fazendo parte, o que também é protetor. É nesse idêntico que há o perigo de rigidez e inércia. Porém, também no eu há uma tendência a uma diferenciação, buscando o rompimento e uma dinâmica de intenção de criação. Para isso, há o risco de uma eterna diferenciação, que acabe isolando o eu. É na dinâmica entre esses dois movimentos que anda o circuito pulsional – assemelhando-se para logo em seguida romper; identificando-se para logo em seguida se desidentificar. Dessa forma, o prazer experienciado pelo eu é somente uma forma de afirmação de sua existência, para logo desvanecer.

Na leitura desse trabalho, escrito anos antes de *Além do princípio de prazer* (Freud, 1920/1996), vemos o pioneirismo de Sabina Spielrein, não só por pensar o desprazer e a destruição no pulsional, mas também por entender a pulsão de morte em uma forma diferente da freudiana. Essas diferenças encontram-se principalmente no enlace sexual que Spielrein escuta na pulsão de morte, não a entendendo como somente ligada ao mortífero destruidor, mas a uma destruição necessária para a criação. Isso é visto nas relações sexuais: o sujeito assimila-se ao outro, destruindo-se pelo gozo, aniquilando seu próprio eu por intermédio de um prazer mortífero (porém necessário para a espécie). Para que haja novo movimento, é necessário um novo enlace com a vida, como um renascimento do eu: "Relevante é o fato de que, para o surgimento da vida, a morte é necessária" (Spielrein, 1912/2014, p. 248).

Em um caso clínico isso pode ficar mais claro. Uma jovem procura análise por sintomas ligados à ansiedade. Com o desenrolar do processo analítico, se vê extremamente ligada à figura de sua mãe: se decide por um caminho, está seguindo o caminho determinado por ela; se decide por não seguir esse caminho, está seguindo o caminho oposto ao determinado, ou seja, se vê novamente presa. O processo analítico dessa jovem se dará por uma destruição, aniquilamento, dessa figura materna tão poderosa e onipresente, o que, invariavelmente, levará ao aniquilamento – em partes – de seu próprio eu. Essa destruição é necessária para que possa advir um novo eu, com novas identificações.

Em sua articulação com a clínica, esse conceito é atrativo tanto no que concerne ao estudo metapsicológico da constituição psíquica do sujeito, quanto no que podemos escutar da psicopatologia de quem nos procura. Escutando a pulsão de morte enlaçada com o sexual, em um processo em movimento, propomos uma escuta que vê a destrutividade também como processo criativo, pensando, assim, a clínica em um formato menos moralizante.

Referências e indicações de leitura

Cromberg, R. U. (Org.) (2014). *Sabina Spielrein: uma pioneira da psicanálise* (Vol. I) São Paulo: Livro da Matriz.

Cromberg, R. U. (2017). Psicanálise na Rússia. In P. S. Souza Jr. (Org.), *A psicanálise e os lestes*. São Paulo: Annablume.

Cromberg, R. U. (Org.) (2021). *Sabina Spielrein: uma pioneira da psicanálise* (Vol. II) São Paulo: Blucher.

Freud, S. (1920/1996). Além do princípio de prazer. In. S. Freud, *Obras Psicológicas Completas*. (Vol. 18 pp. 13-77). Rio de Janeiro: Imago.

Spielrein, S. (1912/2014). A destruição como origem do devir. In R. U. Cromberg, Renata (Org.), *Sabina Spielrein: uma pioneira da psicanálise*. Vol. I. São Paulo: Livros da Matriz.

SIEGFRIED BERNFELD (1892-1953)

30. Considerações sobre o lugar social e sua influência no tratamento analítico

Marcus Vinicius Neto Silva

A psicanálise freudiana pretende compreender os sintomas neuróticos, fenômenos da cultura, os sonhos etc. a partir do que Freud nomeou metapsicologia. Para Freud (1915/2006, p. 33), "toda descrição do processo psíquico que envolva as relações dinâmicas, tópicas e econômicas" merece ser chamada de metapsicológica. Siegfried Bernfeld,[1] em *Der soziale Ort und seine Bedeutung für Neurose, Verwahrlosung und Pädagogik* (1929), chama atenção para o fato de que "a psicanálise ainda não tratou suficientemente das condições sociais de todos os processos psíquicos que descobriu e estudou em detalhes" (p. 299).

Para preencher essa lacuna na compreensão psicanalítica, Bernfeld propõe, então, que utilizemos a noção de lugar social, pretendendo com isso colocar ênfase nos fatores históricos, ambientais e sociais.

---

[1] Psicanalista nascido na Ucrânia, mas criado em Viena, onde obtém seu diploma em Pedagogia. Teve desde a juventude uma participação em movimentos estudantis e na vida adulta continuou sua atuação política ligada ao comunismo.

Para exemplificar, se tomarmos o ponto de vista metapsicológico, talvez haja pouca ou nenhuma diferença entre uma criação artística e um sintoma neurótico. Entretanto, se tomamos como referência o lugar social, logo fica claro que na avaliação que o artista faz de si, bem como no reconhecimento recebido de outras pessoas, a diferença é significativa. Desse modo, o lugar social afeta aquilo que consideramos como patológico, o que determinada época define como doença.

Bernfeld nota que também a gravidade de uma doença será influenciada por esse elemento. Uma dor de garganta, por exemplo, será sentida como algo banal por um metalúrgico, como preocupante por um professor e como alarmante por um cantor. Cada qual reagirá com tratamentos mais ou menos agressivos dependendo de quanto dano material isso possa lhe causar. Bernfeld percebe, contudo, que o lugar social incide aqui também de outra forma, já que o metalúrgico do exemplo pode se preocupar de modo muito intenso caso aspire ele próprio se tornar um cantor.

O ponto, para Bernfeld, é que, embora nem todo sofrimento dependa unicamente do lugar social, considerá-lo significa contribuir para uma melhor compreensão de tal sofrimento. Podemos tomar outro exemplo do autor, uma mãe diante da morte de seu filho. A importância que a mãe dá a essa perda depende, sem dúvida, de fatores individuais, como a relação que ela tinha com o filho, mas há também um elemento social: cada cultura e momento histórico exige das mães determinada quantidade de sofrimento, e mesmo no interior de uma dada sociedade há diferentes exigências dependendo de outros fatores, como classe (aqui é possível acrescentar raça, gênero etc., embora o próprio Bernfeld não o faça explicitamente).

Portanto, o próprio conceito de doença será também determinado a partir do lugar social. Para Bernfeld (1929), "qualquer coisa que emana do supereu sem ser socialmente exigida seria então descrita como sofrimento neurótico" (p. 302). Tomemos o caso de um casal infeliz. A depender do lugar social, essa infelicidade poderá variar em intensidade, duração, formas de manifestação. Numa sociedade em que os laços matrimoniais não podem ser desfeitos, o sofrimento parecerá inevitável ou de difícil solução.[2] O desfecho dessa situação também estará baseado em outros fatores: a possibilidade de uma relação extraconjugal ou de um divórcio satisfatório, a facilidade em encontrar outro parceiro etc.

A partir disso, é possível pensar que o chamado sofrimento neurótico é resultado de o sujeito considerar como necessário um sofrimento fortuito. Bernfeld se vale aqui da imagem do sujeito rico e sem filhos que poderia se divorciar sem grandes prejuízos, mas que se mantém resignado no casamento infeliz. Seu sofrimento é passível de resolução, encontra respaldo na cultura, mas o sujeito se vê impedido de tomar essa posição.

Um último exemplo pode ser útil para pensar as formas como a consideração do lugar social produz um ganho na leitura que o psicanalista faz dos pacientes. O paciente, um jovem de uma família abastada, repentinamente se mostra negligente com os costumes da família, com suas vestimentas, foge de casa, é visto perambulando em companhia de pessoas de índole duvidosa. A mãe o apresenta assim. No contato com o paciente, ele esclarece que, na verdade, não vê isso como problema. Ele revela, contudo, que se filiou ao Partido Comunista, e são os comportamentos decorrentes dessa filiação que a família sente como problemáticos.

Um analista que compartilhe de valores semelhantes aos dos pais desse jovem talvez se sinta compelido a enxergar a situação de modo similar a eles. A isso se somaria a estima não tão grande que psicanalistas (à época, mas possivelmente também agora) têm pelo

---

[2] Bernfeld explora o problema em termos similares ao que Freud havia discutido em *A moral sexual "cultural" e a doença nervosa moderna* (1908/2020).

comunismo, que poderia ser entendido por alguns como uma forma menos madura de desafiar a autoridade paterna. Porém, Bernfeld (1929) destaca que, "de acordo com a fórmula de Freud,[3] ele se esforça para educar para a realidade, se esforça para adaptar seu paciente à realidade e dar-lhe a capacidade de mudar a realidade – na medida do possível quebrando inibições neuróticas" (p. 305). Uma consideração do lugar social nos serve para também questionar a neutralidade do analista, uma vez que sua condução dos casos que recebe "dependerá de sua própria percepção da vida, de sua experiência no mundo, de sua percepção dos fatos sociais, de sua formação política e ideológica" (p. 305). Sua crítica se localiza na ilusão de uma posição neutra, supostamente científica, mas que carrega de forma oculta valores de determinados grupos.

Bernfeld coloca em questão, desse modo, a própria fórmula freudiana que evocou, da educação para a realidade. Seria necessário notar que o analista também opera a partir do lugar social que ocupa e, dessa forma, deve reconhecer esse fato, caso não queira que a análise se torne um instrumento meramente adaptativo, conservador. No limite, o analista deveria se valer do método psicanalítico para fornecer ao paciente as ferramentas de que ele precisa para operar sobre a realidade, atuando também sobre o lugar social que o determina.

Referências e indicações de leitura

Bernfeld, S. (1929). Der soziale Ort und seine Bedeutung für Neurose, Verwahrlosung, und Pädagogik. *Imago*, *15*(3-4), 299-312.

[3] A referência aqui é *O futuro de uma ilusão* (Freud, 1927/2020, p. 285).

Bernfeld, S. (1973). La colonia infantile de Baumgarten. In S. Bernfeld, *El psicoanalisis y la educacion antiautoritaria* (pp. 99-210). Barcelona: Barral Editores.

Freud, S. (1915/2006). O inconsciente. In S. Freud, (Ed.). *Escritos sobre a psicologia do inconsciente* (Vol. 2, pp. 13-74). Rio de Janeiro: Imago.

Freud, S. (1927/2020). O futuro de uma ilusão. In S. Freud, *Obras Incompletas de Sigmund Freud* (Cultura, sociedade e religião: O mal-estar na cultura e outros escritos, p. 233-297) Belo Horizonte: Autêntica.

MAX EITINGON (1881-1943)

31. Origens do modelo tripartido de formação em psicanálise

David Borges Florsheim

O modelo tripartido, mais conhecido como tripé de formação, propõe diretrizes consideradas essenciais para quem busca uma formação em psicanálise. São elas: passar pelo processo de análise, estudar as teorias psicanalíticas e participar de supervisões com analistas experientes. A adoção desse modelo é universal, por mais que existam diferentes formas de compreendê-lo e de aplicá-lo institucionalmente. A Associação Psicanalítica Internacional (IPA), por exemplo, aceita três diferentes modelos de formação – o modelo Eitingon, o modelo francês e o modelo uruguaio –, mas todos eles são baseados no tripé.

Freud (1919/2010) fez uma alusão ao modelo tripartido ao dizer que a formação do psicanalista prescindiria da universidade, pois no âmbito teórico ele poderia ler literatura especializada, participar de reuniões científicas e intercambiar ideias com profissionais mais experientes. Além disso, no âmbito prático, o psicanalista poderia aprender com sua análise pessoal, com o tratamento de seus pacientes e também por meio de aconselhamento e supervisão de colegas já reconhecidos.

Apesar de Freud ter enfatizado esses aspectos, dois acontecimentos relacionados à pessoa de Max Eitingon foram determinantes para o modelo tripartido ser instituído no meio psicanalítico. O primeiro desses acontecimentos foi a fundação, por Eitingon, Ernst Simmel e Karl Abraham, em 1920, da "Policlínica", que dois anos mais tarde se tornaria o Instituto Psicanalítico de Berlim. Esse foi o primeiro instituto e clínica de psicanálise do mundo e serviu de modelo para os demais criados no âmbito da IPA. Sua fundação, financiada pelo próprio Eitingon, foi motivada pelo desejo de criar um centro de formação e de oferecer a psicanálise como tratamento – gratuito nesse caso, pois havia o interesse em cumprir um compromisso social com as classes trabalhadoras (Ricaud, 2005). Eitingon, que foi o diretor do Instituto entre 1920 e 1933, sistematizou e pôs em prática pela primeira vez o modelo tripartido de formação em psicanálise.

O segundo acontecimento determinante para a adoção universal do tripé foi a criação do Comitê de Formação Internacional, em 1925, por Eitingon, que o liderou até a sua dissolução, em 1938. Esse Comitê foi o principal responsável pela regulamentação da formação em psicanálise em todas as sociedades da IPA e possuía o modelo tripartido como seu eixo central (Bohleber, 2019). O Comitê buscava tanto aumentar a respeitabilidade da abordagem no meio médico como conter os avanços da chamada "psicanálise selvagem". Eitingon era considerado a pessoa ideal para criar e presidir o Comitê, como o fez, pois no círculo íntimo de Freud ele sempre foi visto como alguém muito comprometido com a qualidade da formação.

Além dessas questões institucionais, Eitingon influenciou a criação e o desenvolvimento de cada parte do tripé. Membro da Escola de Zurique, ele foi o primeiro estrangeiro a ir estudar a psicanálise em sua fonte, com Freud, em 1907. Nos dias de sua visita, ambos caminharam juntos à noite por Viena e as neuroses de

Eitingon eram o tema central da conversa. Esse fato pode ser considerado a primeira análise didática já realizada. Mais tarde, Freud (1912/2010) dirá que a Escola de Zurique foi a primeira a sugerir a importância da análise didática para a formação. Segundo Schröter (2002), Eitingon dirá que foi Nunberg, um autor também de Zurique, quem abordou esse tema pela primeira vez de forma mais direta, em 1919.

No que se refere à supervisão, Freud foi pioneiro. Suas conversas com Breuer nos anos 1890, as reuniões de quarta-feira em sua casa a partir de 1902 e a supervisão que deu para o pai do Pequeno Hans podem ser consideradas os primórdios da supervisão em psicanálise. No entanto, Eitingon foi a figura proeminente que considerou a supervisão como parte indispensável da formação em psicanálise, primeiramente no Instituto de Berlim e posteriormente por meio do Comitê de Formação (Watkins Jr., 2013).

Quanto ao aspecto teórico da formação, Eitingon organizou as aulas e os seminários do Instituto que fundou inspirando-se nas universidades alemãs que frequentou. Mesmo com o vienense Freud considerando a formação do Instituto muito rigorosa (Schröter, 2002), o modelo Eitingon, germanicamente orientado, permaneceu e serviu de referência para as demais instituições. Desse modo, se atualmente a análise didática, a supervisão e o ensino teórico são considerados essenciais para a formação psicanalítica em todo o mundo, Max Eitingon merece o maior crédito por isso, pois foi quem organizou e institucionalizou esse modelo. Os casos clínicos descritos por psicanalistas continuam justificando a importância de cada parte desse modelo, como no seguinte exemplo:

Atendi em uma instituição de saúde mental, ao longo de dois anos e com uma frequência de duas sessões semanais, um paciente considerado de difícil manejo por sua agressividade. Ele possuía traços de uma personalidade *borderline* e fortes componentes narcísicos e antissociais/perversos. Com poucas semanas de atendimento, comecei a ter pesadelos à noite e dores de estômago durante a sessão em razão de medo. Cheguei a me arrepender de ter aceitado atendê-lo. Meses depois, com meus pesadelos e dores ausentes, esse paciente, num início de sessão, sentou espontaneamente no divã (até então só ficava na poltrona). Enquanto isso eu estava abrindo a janela – ainda em pé, portanto. Ao ver onde ele estava, solicitei que sentasse na poltrona, pois aquilo me pareceu algum tipo de provocação ou tentativa de desestabilizar o *setting*. Ele se espreguiçou e deu um sorriso que também me pareceu provocativo e então eu abri a porta da sala e disse "você escolhe" (ou seja, me obedecer ou ir embora). Ele foi embora, mas voltou na sessão seguinte e demos continuidade ao atendimento. Meses mais tarde ele destacou e valorizou esse momento da análise pelo fato de ter lidado com limites.

A importância do modelo tripartido ficou evidente para mim nesse atendimento. Em primeiro lugar, era importante eu estar fazendo análise para compreender e conter o medo, as dores e as fantasias despertados por esse atendimento. Em segundo lugar, a supervisão pôde acolher meu *acting/enactment/*ato e o transformar em material de compreensão clínica. Por fim, o estudo teórico das questões *borderline* sob uma ótica psicanalítica me propiciou um maior entendimento da dinâmica psíquica do paciente, aumentando inclusive a minha capacidade de empatia. Desde Eitingon, portanto, a receita continua a mesma: "conheça a si mesmo, conheça sua teoria e conheça sua prática (por meio da supervisão)" (Watkins Jr., 2013, p. 257).

Referências e indicações de leitura

Bohleber, W. (2019). Zur Geschichte des Eitingon-Modells und seiner Bedeutung für die psychoanalytische Ausbildung. *Psyche*, 73(7), 477-496.

Freud, S. (1912/2010). Recomendações ao médico que pratica a psicanálise. In S. Freud, *Obras Completas* (Vol. 10). São Paulo: Companhia das Letras.

Freud, S. (1919/2010). Deve-se ensinar a psicanálise nas universidades? In *Obras Completas* (Vol. 14). São Paulo: Companhia das Letras.

Ricaud, M. M. (2005). Max Eitingon and a question of politics. *The American Journal of Psychoanalysis*, 65(4), 353-366.

Schröter, M. (2002). Max Eitingon and the struggle to establish an international standard for psychoanalytic training (1925-1929). *The International Journal of Psychoanalysis*, 83(4), 875-893.

Watkins Jr., C. E. (2013). The beginnings of psychoanalytic supervision: the crucial role of Max Eitingon. *The American Journal of Psychoanalysis*, 73(3), 254-270.

PAUL FEDERN (1871-1950)

32. As fronteiras do eu e o ganho de realidade na psicose

Maria Teresa de Melo Carvalho

A abordagem psicanalítica das psicoses ganhou significativo impulso a partir do texto freudiano de 1914 *À guisa de introdução ao narcisismo*. Entre outros importantes avanços que fazem desse texto uma das peças-chave da obra de Freud encontra-se a firme defesa da universalidade da teoria da libido, em resposta à crítica de Jung, para quem essa teoria não explicaria uma das manifestações mais características das psicoses: a perda da realidade, isto é, o fato de o psicótico demonstrar uma introversão acentuada, desinvestindo radicalmente o mundo externo (Freud, 1914/2004). A hipótese do narcisismo, entendido como investimento libidinal dirigido ao eu e não aos objetos externos, vem explicar a introversão característica das manifestações psicóticas, mas a tese central desse texto vai além, estabelecendo o narcisismo primário como momento estruturante, normal, correlativo ao surgimento do eu.

Paul Federn, que vinha acompanhando de perto a evolução das ideias de Freud desde 1902, tomará o texto de 1914 como referência central em seu esforço de extensão do tratamento psicanalítico aos casos de psicose. Colocará em relevo o caráter estruturante do narcisismo, lembrando que,

> *embora o narcisismo tenha sido inicialmente reconhecido sob sua forma patológica, ele não é, definitivamente, um resíduo patológico do passado e sim o meio essencial normal para o estabelecimento da coerência psíquica viva do eu. Assim, foi descrito por Freud como um reservatório* normal *de libido (Federn, 1952, p. 326).*

O eu será então concebido como uma unidade psíquica cujas fronteiras mais precoces são as do corpo, que, investido de libido, torna-se o primeiro representante de uma totalidade, o primeiro limite entre eu e não-eu. Uma vez constituída, a instância egoica encarrega-se de todo e qualquer limite, seja no plano corporal ou intrapsíquico. As *fronteiras do eu* devem ser entendidas numa perspectiva dinâmica, isto é, são passíveis de toda sorte de modificações, são sempre flutuantes, dependentes de um equilíbrio entre o investimento narcísico e os investimentos objetais. Dependem ainda da coesão da libido narcísica que abastece o reservatório do eu e proporciona o sentimento de continuidade no tempo e de pertencimento ao próprio corpo e mente, o *sentimento de eu*, sempre ameaçado pela pressão das moções pulsionais inconscientes (Carvalho, 1996).

A reconhecida acuidade de suas observações clínicas levou Federn a constatar e a defender a pertinência da hipótese do narcisismo para a compreensão das psicoses. Todavia, ao retomar as formulações freudianas sobre a questão da perda da realidade na psicose, apresentará um ponto de vista diferente, colocando em pauta uma das noções mais originais e profícuas de suas elaborações, a noção de *ganho de realidade* dos conteúdos inconscientes. Vejamos.

Segundo Freud, enquanto o neurótico acata a realidade da perda do objeto e renuncia à satisfação de suas pulsões diante da frustração do investimento objetal, o psicótico abandona a realidade e redireciona para o próprio eu a libido retirada do objeto. Nos esforços de recuperação dos investimentos objetais, cria um mundo falsificado e delirante. Federn contradiz essa ideia, afirmando que, ao invés de perda da possibilidade de reconhecer a realidade externa, todo caso de psicose começa pelo *ganho de realidade* de conteúdos inconscientes que chegam à consciência sem serem inibidos nas fronteiras do eu. O fragmento clínico a seguir pode nos ajudar a ilustrar essa ideia e sua implicação na condução do tratamento de uma paciente, quando ela começava a apresentar as primeiras ideias delirantes.

Suas queixas iniciais eram insônia, dores de cabeça e a visão de figuras "grandes como montanhas", que se aproximavam dela e preenchiam o mundo todo. Mas sentia-se ainda capaz de afastar tais figuras ao conversar com alguém sobre assuntos do dia a dia, como relatou na primeira entrevista, realizada em seu domicílio. Federn entendeu de imediato que não seria pertinente adotar o método da livre associação para não encorajar a emergência de novas fantasias ameaçadoras. Nesse momento, as intervenções deveriam visar à sustentação de um eu deficitário, poupando a paciente do desgaste com novas apreensões. Depois de lhe administrar um medicamento para combater a insônia, recomendou à família que respeitasse seu sono e a poupasse de excessos nas tarefas cotidianas.

Na segunda entrevista, a paciente falou um pouco mais sobre seu principal conflito, embora ele não a encorajasse nesse sentido. Na tarde desse mesmo dia, requisitou-o novamente porque, repentinamente, convenceu-se de que sua filha havia se tornado louca. Estava bastante aterrorizada por esse pensamento, que marcou o início de sua primeira ideia delirante. Acrescentou que a filha lhe havia dito que alguém roubava seus pensamentos e influenciava sua vontade; era algo que algumas vezes já havia pensado dela própria.

Embora convicto de que o relato da paciente não correspondia à realidade, Federn não a contradisse, ao contrário, insistiu em saber todos os detalhes da ocasião em que a filha havia feito tal afirmação. O episódio que a levou a acreditar na "loucura" da filha veio à tona: tendo perdido uma aula e devendo ligar para o professor para combinar uma reposição, resistia a essa ideia, alegando que toda vez que se liga para um professor deve-se dizer "sim" e não se pode falar o que se gostaria. Isso ocorrera pela manhã; "na tarde do mesmo dia a paciente lembra-se, repentinamente, de que sua filha lhe pedira que telefonasse porque os professores roubam nossos pensamentos e influenciam nossa vontade" (Federn, 1952, p. 201).

Com esse tipo de intervenção, Federn buscava levar a paciente a compreender a gênese atual de suas ideias delirantes para que ela pudesse devolver ao pensamento, regido pelo processo secundário, aquilo que dele escapou e, assim, atenuar a brecha aberta no eu. Ele pondera que é fácil adivinhar que a apreensão consciente exagerada em relação à filha certamente encobria inimizade e desejos agressivos inconscientes, entre outros conteúdos, o que poderia vir à tona se a livre associação fosse o método empregado. Entretanto, se assim procedesse, a motivação inconsciente e a reação consciente poderiam se tornar mais vívidas, a ideia delirante ganharia força, mais elementos seriam acrescentados para provar a "insanidade" da filha. Ou seja, uma vez que as funções críticas e defensivas do eu pareciam desinvestidas, Federn interveio no sentido de restabelecer o investimento dessas funções para tentar impedir que desejos e fantasias inconscientes chegassem à consciência sem a barreira egoica e ganhassem assim o caráter de realidade, de forma análoga ao que ocorre nos sonhos, em que as imagens oníricas se apresentam ao sonhador como realidade.

Se a neurose equivale à dúvida, a psicose equivale à certeza. Enquanto há dúvida, o investimento das fronteiras do eu ainda está presente. A certeza nas falsificações da realidade indica uma perda radical desse investimento. Em consequência, o objetivo do tratamento do psicótico, pelo menos em sua fase inicial, não é o de superar o recalcamento, mas o de "re-recalcar": "Aquilo que se tornou território do eu deve ser devolvido ao isso" (Federn, 1952, p. 167).

Referências e indicações de leitura

Carvalho, M. T. M. (1996). *Paul Federn: une autre voie pour la théorie du moi*. Paris: PUF.

Federn, P. (1933/2017). *Investissement du moi et actes manqués*. Paris: Ithaque.

Federn, P. (1952). *Ego psychology and the psychoses*. New York: Basic Books.

Freud, S. (1914/2004). À guisa de introdução ao narcisismo. S. Freud, *Obras Psicológicas de Sigmund Freud* (Escritos sobre a psicologia do inconsciente, Vol. 1). Rio de Janeiro: Imago.

GEORG GRODDECK (1866-1934)

33. O isso: sujeito indeterminado

Ana Gebrim

O isso não é só o ser humano, mas ao mesmo tempo som e luz e ar e planta e animal e sabe Deus o que mais.[1]

Das Es, em alemão, ou o isso, foi um termo proposto por Georg Groddeck nos anos 1920. Em 1923, mesmo ano em que ele lançava *O livro dIsso*, Freud publicava o ensaio que viria a consolidar sua proposta de uma segunda tópica do aparelho psíquico: "O eu e o isso". É ao psiquiatra alemão que Freud deve o termo traduzido em português como id. No entanto, as aproximações não são óbvias e o conceito de Groddeck anuncia uma abrangência muito maior do que a proposta freudiana de um psiquismo marcado pelas três instâncias: superego, ego e id.

Groddeck inventou um conceito, investigou um fenômeno, nomeou uma experiência. Entretanto, paradoxalmente, trata-se justamente daquilo (ou disso) que é da ordem do inapreensível, de definição impossível, e assim ele mesmo o diz. O isso groddeckiano

---

[1] Groddeck, G. (1970/1994) *O homem e seu isso*. São Paulo: Editora Perspectiva, p. 196.

se refere a uma experiência da existência, ou ainda da natureza imanente do ser, mas não só. Para apresentar sua proposta ousada, este que se intitulava como analista selvagem fez de seu "livro dIsso" um conjunto de 33 cartas assinadas por seu alterego Patrick Troll e dirigidas a uma amiga. Personagem intempestivo, admirador do contrassenso, provocativo e profundamente rebelde, Groddeck assina todas as cartas como Troll, esse "ser mítico do folclore escandinavo, gigante ou anão, habitante das cavernas ou das montanhas (ou das cavernas nas montanhas), amoral e imoral, capaz de ser homem e mulher, severo e devasso, brincalhão e destruidor",[2] tal qual o isso.

Elemento da polaridade, o isso se refere à força propulsora da ação, do pensamento – e, portanto, da criatividade e da destrutividade –, bem como do desenvolvimento do ser humano. Trata-se daquilo que o faz sadio ou doente, do que o faz viver, ou, como ele mesmo se refere, daquilo que o vive. Sujeito indeterminado, elíptico, o pronome isso diz de uma força que é tanto inconsciente quanto imanente. Uma força que todos somos vividos.

Para Groddeck, corpo e alma são coisas comuns e habitadas pelo isso. Nesse sentido, não há distinção possível entre doenças do corpo e doenças psíquicas. O isso é a força misteriosa ligada à sexualidade que tanto cria o nariz em nosso rosto e todos os elementos físicos e fisiológicos de um sujeito, como nossos pensamentos, sentimentos, nossa forma de andar, de falar e agir. Assim, uma pneumonia ou um câncer são tratados por Groddeck tal qual as neuroses histéricas ou obsessivas, pois se o isso é o que leva a alguém pensar, também é o que o leva a adoecer.

Estamos todos sujeitos à vontade do isso. Regidos por essa força ambivalente e em movimento ininterrupto, o isso é o que deixa

---

[2] Coelho, T. *O fuçador das almas* in *O livro dIsso*. São Paulo: Editora Perspectiva, p. 13.

morrer e faz viver. Diante do isso, o eu não é nada além de uma forma de expressão dessa força. Segundo Groddeck (1970/1994): "o ego é uma máscara que o isso usa para se esconder do desejo de saber do homem . . . o meu eu nada tem a ver com essas coisas, mas ainda assim elas acontecem dentro daquilo que chamo meu eu".[3] No entanto, como vimos, o isso também é marcadamente distinto da dimensão tópica do inconsciente proposto por Freud. Para o autor alemão, o inconsciente é uma parte do psiquismo e o psiquismo é uma parte do isso. Desse modo: "o isso é o próprio homem em todas as suas formas de vida e, como tal, é inacessível, tanto à psicanálise, quanto a qualquer outro método de investigação; mas, sem dúvida, existem caminhos que levam à proximidade do isso, e o melhor deles, o que chega mais perto possível da meta, é a psicanálise" (p. 191).[4] Desse modo, Groddeck expressa sua relação também ambivalente com a psicanálise, esse conjunto de conhecimentos de que ele julgava ser o inventor, até se deparar com a obra freudiana e, algum tempo depois, iniciar uma troca epistolar de mais de dezesseis anos com Freud, por quem tinha imensa admiração, mas também muitas críticas.

A linguagem é algo bastante caro para Groddeck e também um veículo de expressão do isso. Profundamente atento ao simbolismo, ele nos chama a atenção para algumas das expressões recorrentes como: "peguei um resfriado" ou, ainda, "fulano quebrou a perna direita", e até mesmo "ciclano contraiu uma pneumonia". De onde viria o sujeito ativo dessas orações? Para ele, toda doença tem um sentido que pode ser decifrado. E, mais ainda, essas expressões revelam a dimensão desejável da doença ou o fato de que o ser humano se enferma por si mesmo.

---

[3] Groddeck, G. (1970/1994) *O homem e seu isso*. São Paulo: Editora Perspectiva, p. 188.

[4] Ibidem, p. 191.

Vamos a um pequeno exemplo clínico: "Com a prisão de ventre, o Isso diz aos que querem ouvir: no meu interior existem coisas que não dou, e já que o Isso supõe que no interior, além dos restos de comida, se reúnem também todas as impressões psíquicas que são absorvidas através dos olhos, dos ouvidos, e de todos os sentidos, que a barriga é a sede da alma, então esta retenção do conteúdo corporal pode estar relacionada com material psíquico e com material físico".[5] Da mesma forma, ele nos provoca a ideia de que alguém que porta um mau cheiro corporal, como um mau hálito, expressa o desejo de afastar seus interlocutores.

Com algumas dessas hipóteses, Groddeck sedimenta um solo fértil para os estudos da psicossomática no interior da psicanálise. Para ele, não se deve tratar a doença, mas o ser humano, uma vez que a doença pode ser compreendida como uma manifestação de vida no organismo. A doença é um símbolo e, por isso, uma criação do sujeito tal qual seu modo de andar ou falar. O doente, enquanto representação, sempre encontrará quem preste assistência a ele e, nesse sentido, o mistério em saber por que alguém adoece é provocado por Groddeck pela ideia de que um ser humano se deixa adoecer como uma possibilidade de ter novamente o amparo materno. Ou, ainda, "o mais próximo possível corporal e espiritualmente, sem sentimento de culpa, sem ser melindrado por sentimentos de vergonha, o único meio de gozar carinhos que de outro modo nunca são acessíveis, nem mesmo com um amante".[6] Aquilo que Freud teorizou como a "fuga para a doença", ou mesmo os "benefícios secundários da doença", são também amplamente discutidos por Groddeck em sua obra.

Para concluir, vale ressaltar que o isso é uma força atenta ao riso, ao prazer e às brincadeiras, por isso, a criança para ele é um

---

5 Ibidem, p. 213.

6 Ibidem, p. 209.

rico objeto de investigação de suas manifestações. Georg Groddeck é alguém que não se levou a sério, sua postura irreverente permitiu sua enorme criatividade na clínica e na teoria. O isso é um fenômeno "caprichoso, desconcertante e divertido"[7] e, nesse sentido, para o autor, "diante do absurdo, a seriedade não tem razão nenhuma de existir".[8] Operar a noção de isso é um salto em queda livre naquilo que Groddeck chamou de processo de *des-eumesmamento* e, por isso, profundamente profícuo à nossa atividade clínica.

Referências e indicações de leitura

Coelho, T. (1988). O fuçador das almas. In G. Groddeck, *O livro dIsso*. São Paulo: Perspectiva.

Groddeck, G. (1923/1988). *O livro dIsso*. São Paulo: Perspectiva.

Groddeck, G. (1966/2019). *Estudos psicanalíticos sobre psicossomática*. São Paulo: Perspectiva.

Groddeck, G. (1970/1994). *O homem e seu Isso*. São Paulo: Perspectiva.

7 Groddeck, G. (1923/1988) *O livro dIsso*. São Paulo: Editora Perspectiva, p. 221.

8 Ibidem, p. 202.

RUTH MACK BRUNSWICK
(1897-1946)

34. Conflitiva pré-edípica nas meninas

Camila Terra da Rosa

Ruth Mack Brunswick, psicanalista americana conhecida por seu trabalho com Sergei Pankejeff (o Homem dos Lobos), escreve, em 1930, *A fase pré-edípica do desenvolvimento da libido,* em que propõe, anteriormente a Freud, a temática da conflitiva pré-edípica; porém, esse trabalho só é publicado em 1940. Em 1928, em um trabalho sobre paranoia (*Die Analyse eines Eifersuchtswahnes*), Brunswick faz sua primeira proposta sobre o tema, porém não encontramos tradução para o português desse trabalho. Brunswick, logo no início de seu texto, explica que Freud tivera uma contribuição íntima nessa escrita, que é elaborada a partir de um caso clínico atendido pela autora. O interessante de afirmar aqui é sua originalidade, por ter observado e teorizado pioneiramente sobra a conflitiva pré-edípica feminina, conceito fundamental para o entendimento da sexualidade feminina a partir de Freud.

A psicanalista pontua algo que estava acontecendo no movimento psicanalítico daquela época: começa-se a escutar mulheres com suas especificidades, entendendo que as conflitivas edípicas de homens e mulheres "não são paralelas de nenhum modo"

(Brunswick, 1943-1944, p. 182). Nesse texto, Brunswick dedica-se a pensar o desenvolvimento da libido em meninas, trabalhando a ideia de um período inicial no qual há uma relação amorosa da menina com sua mãe, porém ainda não há uma rivalidade com o pai. Quando pensamos em complexo de Édipo pensamos na relação triangular que ocorre na cena familiar. Brunswick está propondo uma escuta de um momento anterior ao triângulo (ressaltamos, novamente, aqui, o pioneirismo em suas ideias). Em outras palavras, é uma relação dual, por isso, pré-edípica, não triangular.

Brunswick salienta o enigmático desse período, tanto enquanto vivência como enquanto aproximação teórica: "esse período é o mais antigo, o mais arcaico, o mais estranho ao nosso habitual modo de pensar" (p. 182). Esse período é mais tortuoso para as meninas, pois não só precisam mudar de objeto de amor – da mãe para o pai, diferente dos meninos –, como precisam lidar com dois órgãos sexuais diferentes, o clitóris e a vagina. Posteriormente, com a "superação" – nunca finalizada – desse período, a menina toma a mãe como objeto de forma ativa, tendo, agora sim, o pai como rival, o que chamamos de Édipo ativo. Somente posteriormente encontramos o conhecido Édipo positivo passivo da menina com seu pai.

Nesse primeiro período, longe de uma ideia de feminilidade ligada à passividade, a menina tem uma representação de uma mãe ativa. Porém, na percepção da falta de pênis da mãe, ela dá-se conta de sua própria castração, voltando-se, assim, para o pai; esse estágio é chamado de latência pré-edípica pela autora. Nos desdobramentos futuros, ou seja, na maternidade, é com essa primeira representação de mãe ativa que a menina/mulher vai se identificar. Brunswick, dentro de um padrão de sua época, sugere que "a normalidade exige que o rapaz abandone seu desejo passivo de ter um bebê e a menina, seu desejo ativo" (p. 190).

Nesse trabalho, a autora se vê às voltas com o par de opostos passividade-atividade. Ela elabora a ideia de que existem três diferentes formas de atividade na infância que acompanham o desenvolvimento da libido com três pares antitéticos (atividade-passividade, fálico-castrado, masculino-feminino), em ambos os sexos: por intermédio da identificação com essa primeira representação de mãe ativa; na identificação com o pai – em que a menina falha e o menino alcança de forma parcial; e no complexo de masculinidade, quando a menina identifica-se com um menino de sua idade, possuidor de um pênis. Assim, para Brunswick, a equação simbólica pênis-bebê, para as meninas, se dá de forma secundária – assim como a inveja do pênis –, pois, primeiramente, a identificação ocorre com uma mãe ativa e com o que essa mãe possui. Para a autora, o desenvolvimento infantil se dá na passagem da passividade para a atividade – em ambos os sexos, em uma identificação com essa mãe ativa.

Aqui, Brunswick faz uma observação clínica: para ela, devemos ficar atentos quando uma criança está tendo dificuldades em desenvolver sua atividade. Esse seria seu indício de saúde mental e, de fato, continua sendo – mesmo nos tempos atuais – um dos primeiros critérios a serem analisados em uma criança: ela consegue investigar os brinquedos do consultório de forma ativa e autônoma? Consegue, ativamente, propor brincadeiras? Para ela, uma das hipóteses desse atraso no desenvolvimento é quando a mãe interpreta a atividade da criança como agressividade, impedindo movimentos investigativos.

Assim, a autora difere de Freud, que entende a inveja do pênis como o movimento primário na menina. É somente quando a menina percebe sua castração que passa a desejar ter um pênis, entendendo o seu sexo como universal até o descobrimento deste (uma diferença do monismo fálico freudiano). O desejo primário é o da maternidade. "Contrariamente às nossas ideias anteriores, o desejo de posse do pênis não é transformado para o de ter um bebê, pois, como temos visto, esse último o precedeu" (Brunswick, 1943-1944, p. 191).

Para a psicanalista, o desenrolar desse primeiro estágio pré--edípico será determinante em como se dará o complexo de Édipo nas meninas e seu desfecho. Ela traz um caso clínico de uma paciente, adulta, que tem desenvolvido uma questão paranoide. Em seu entendimento, essa sintomatologia delirante se dá em função desse primeiro momento de vida, que, de tão traumático, acaba fixando-se e impedindo a mulher de voltar-se ao pai em busca de um terceiro. Nesse caso, do qual a autora não traz maiores detalhes, se vê que os delírios produzidos se dão no sentido de proteção dessa figura fálica materna e que sua destruição resultaria em uma destruição também do ego da paciente. É possível, na clínica atual, vermos em muitas pacientes mulheres uma dificuldade em se desprender dessa figura materna original e, portanto, fálica, resultando em uma infantilidade em sua vida – sexual e profissional. Poder se distanciar dessa mãe seria admitir um grau de agressividade que, por vezes, foi completamente reprimido pelo ambiente. O trabalho, nesses casos, é manter viva a presença do analista, mesmo com ataques que possam ocorrer. Assim, podemos brincar, também é necessário matar essa mãe originária, além do pai, para que haja de fato um desfecho edípico.

A maior contribuição de Brunswick é poder pensar a conflitiva pré-edípica nas mulheres, antecipando a teoria freudiana. Esse trabalho teórico só ocorreu em função de sua escuta clínica de analisandas mulheres. Sua importância, ainda hoje, no fazer clínico está em poder escutar esse momento primário, indiferenciado, e seus efeitos na constituição do psiquismo. Vemos sua contribuição teórica na teoria freudiana sobre sexualidade feminina e na construção teórica de Melanie Klein. Assim, podemos dizer que Brunswick deixou suas marcas na história do movimento psicanalítico.

Referências e indicações de leitura

Brunswick, R. M. (1943-1944). La fase preedípica del desarrollo de la libido. *Revista de Psicoanálisis, 1*(3), 181-199.

Rosa, C. T., & Weinmann, A. O. (2020). A sexualidade feminina em escritos das pioneiras da psicanálise. *Revista Subjetividades, 20*(3), e9499.

OTTO FENICHEL (1897-1946)

35. Teoria da técnica e análise das resistências

José Henrique Parra Palumbo

Primeiramente, em psicanálise, é fundamental observar os enunciados freudianos sobre o funcionamento mental como produtos de uma investigação organizada pelos princípios metapsicológicos e como guias da aplicação dos procedimentos técnicos psicoterapêuticos. Combinando a investigação dos fenômenos psicológicos e a técnica de intervenção sobre eles, Fenichel (1941) desenvolve uma "teoria da técnica", tendo como principal função orientar o trabalho terapêutico.

Nesse sentido, tal "teoria" deve visar à sistematização da técnica quando confrontada com os problemas práticos da experiência analítica. Assim, se por um lado a psicanálise serve à investigação dos processos psíquicos inconscientes, por outro, este mesmo método precisa cumprir com uma função terapêutica. Vale dizer, porém, que isso não significa que a "teoria da técnica" deva ser confundida com certa rigidez por parte do analista na situação terapêutica. O que Fenichel (1941) defende é a compreensão das razões que nos levam a esta ou aquela intervenção, buscando entender por que se age desta ou daquela forma. Ou seja, embora toda intervenção deva sempre funcionar alinhada com a escuta do analista, com seu inconsciente, isso não significa que ela seja apenas o produto bruto de seu inconsciente, como se essa intervenção nunca pudesse ser objeto de uma reflexão racional.

Em contrapartida, ainda que o analista, seguindo as orientações de uma tal "teoria da técnica", organize sua prática a partir de uma dedução de princípios metapsicológicos, que se preocupam primordialmente com aquilo que é geral e comum nos fenômenos psicológicos, a consideração desses princípios nos leva necessariamente ao esclarecimento e ao tratamento do funcionamento psíquico singular do indivíduo em tratamento. Por exemplo, consideremos as consequências práticas do princípio dinâmico na técnica psicanalítica. Para Fenichel (1941), é esse princípio que nos auxilia na localização do objeto da interpretação, quando apontamos para o analisando, em meio a seu trabalho associativo, os conflitos existentes entre certos conteúdos afetivos e representacionais particulares. Já o princípio econômico, que se refere à intensidade do conflito psíquico, nos ajudaria a identificar o momento em que deve ocorrer a interpretação.

Segundo o autor, é essa "teoria da técnica" que garante que as intervenções se dirijam tanto para o significado inconsciente da série associativa do analisando quanto para a intensidade do conflito psíquico que está presentificado nas resistências do eu recalcante diante do conteúdo recalcado. Por essa razão, a técnica analítica deveria fornecer as condições para a elaboração dos conteúdos inconscientes, substituindo assim as defesas patológicas por outras saudáveis, que permitam certa circulação da energia psíquica por todo o aparelho sem que ela precise alimentar a construção de sintomas.

Mas há aí uma consequência prática da "teoria da técnica", pois a interpretação deve ser insistente frente aos mecanismos de defesa e às resistências gerados ao longo do tratamento. Isso porque, se são as reações do analisando às interpretações e as subsequentes associações os verdadeiros critérios de validade e eficácia das interpretações, então a reflexão sobre a ação terapêutica deve incluir os derivados do conteúdo reprimido do analisando que são reatualizados na relação com o analista, isto é, os derivados inconscientes transferenciais. E é aqui, nesse ponto do trabalho analítico de interpretação, que a "análise das resistências" ganha seu protagonismo para Fenichel (1941).

A fim de examinar tal protagonismo, tomemos uma vinheta clínica que ilustra bem o papel da "análise das resistências". Ao reditar na relação com seu analista o modelo de relações configurado em torno de uma figura idealizada de um pai bondoso, simpático e sábio, este analisando se referia ao espaço analítico como um lugar onde podia ser compreendido e cuidado. Diferentemente dos espaços cotidianos que habitava, e que pareciam convocar suas mágoas com a falta de compreensão e cuidado associadas à figura materna e a tantas outras pessoas importantes de sua vida, o analista e o espaço analítico eram como que resguardados da intrusão de tais mágoas.

O analista era tratado, então, com elogios e elevado a uma posição de superioridade quando comparado às pessoas "comuns". Assim, o analisando, defendendo-se da sombra das críticas, poderia se manter livre do julgamento alheio – um julgamento que não o reconhecia em uma condição de sofrimento e de adoecimento, como fazia o analista. Com o tempo, esse recurso defensivo produzido na transferência foi se mostrando como uma forte resistência em relação ao conteúdo representacional original dos afetos agressivos associados ao comportamento de autodepreciação, que tinham suas raízes nas experiências infantis do analisando em meio à relação conflituosa entre seus pais.

De acordo com a proposta técnica por trás da noção de "análise das resistências", segundo Fenichel (1941), não bastaria apontar a inadequação do exagero dos elogios voltados para o analista e da insistência em colocá-lo em um lugar de superioridade, "tornando consciente" o conteúdo inconsciente infantil desses afetos. Além de não promover uma descarga completa desses afetos com a nomeação precisa deles, nem a consequente dissolução do conflito ou dos sintomas, uma interpretação direta e profunda como essa só aumentaria os contrainvestimentos por parte do eu recalcante, colaborando para atitudes defensivas mais rígidas.

Então, antes de a interpretação revelar para o analisando os conteúdos inconscientes reprimidos por trás de seu comportamento elogioso ao extremo, foi mais interessante começar com uma interpretação mais superficial dessa atitude. E isso foi possível quando o analisando pôde demonstrar se sentir julgado pela primeira vez de forma manifesta, diante de um questionamento do analista, voltando a elogiá-lo logo em seguida. Nesse momento, o analista indagou o analisando se este havia se incomodado com a pergunta anterior. Por sua vez, o analisando não só respondeu negativamente à indagação como pôde elaborar melhor por que não havia lhe agradado o questionamento, manifestando a partir daí uma nova atitude para com o analista, o que permitiu novos caminhos associativos para o trabalho analítico e preparou o analisando para lidar, tempos depois, com as interpretações direcionadas a conteúdos mais profundos.

Referências e indicações de leitura

Fenichel, O. (1941). *Problems of psychoanalytic technique*. Albany, NY: Psychoanalytic Quarterly.

Fenichel, O. (1935/1953). Concerning the theory of psychoanalytic technique. In O. Fenichel, *Collected papers of Otto Fenichel: first series* (pp. 332-348). Nova York: W.W. Norton.

Fenichel, O. (1940/1954). The study of defense mechanisms and its importance for psychoanalytic technique. In O. Fenichel, *Collected papers of Otto Fenichel: second series* (pp. 183-197). Nova York: W.. Norton.

ERNEST JONES (1879-1958)

36. Racionalização: explicações no divã

Izabel de Madureira Marques

O conceito de racionalização parece ser bem conhecido na prática psicanalítica. Em debates clínicos, é usual a utilização do termo, mas observamos, por outro lado, que a sua conceituação teórica não parece receber a mesma atenção. Façamos então um esforço de compensação nesse sentido e nos debrucemos com cuidado sobre esse conceito tão instrumental para o fazer psicanalítico.

Embora o termo seja conhecido em nosso meio, o que nem todos sabem é que foi o galês Ernest Jones o responsável por cunhar o conceito psicanalítico. Em seu artigo de 1908, Jones explicita que uma das maiores contribuições da psicanálise de Freud foi atestar que muitos processos mentais (ou diríamos psíquicos) têm suas origens em causas alheias à consciência do sujeito. E mais: não apenas o indivíduo muitas vezes ignora a raiz de suas questões psíquicas, como também costuma rejeitar, refutar ou negar tais origens quando estas são indicadas:

> *Em outras palavras, existem elaborados mecanismos psicológicos cujo efeito é ocultar do indivíduo certos*

> *processos afetivos que são muitas vezes do mais alto significado para sua mente toda. A complexidade e a sutileza desses mecanismos variam de acordo com o que chamamos de extensão da necessidade de ocultação, de modo que quanto maior a resistência que o indivíduo mostra à aceitação do afeto que lhe é conferido, mais elaborado é o mecanismo pelo qual ele é ocultado de sua consciência (Jones, 1908/1938, p. 162).*

Uma das maneiras de manter oculta a verdadeira origem de suas motivações é justamente oferecendo uma explicação, ou justificativa, para os fenômenos psíquicos ou ações – e sabemos que tal "explicação" está longe da raiz verdadeira (da qual o sujeito procura se esquivar). A esse mecanismo de tecer falsas explicações sobre conteúdos psíquicos ou ações chamou-se *racionalização*. Jones chega a comentar que o ser humano parece mesmo afeito a "dar explicações" e evita admitir sinais de irracionalidade (Jones, 1908/1938).

O *Vocabulário da Psicanálise* nos ensina que a racionalização pode se dirigir a diversos aspectos do funcionamento psíquico; assim, observamos a racionalização "de um sintoma, de uma compulsão defensiva, de uma formação reativa" (Laplanche & Pontalis, 1992, p. 423). A mesma obra nos recorda que, ainda que não esteja classificada como um mecanismo de defesa, a racionalização tem sim uma função defensiva.

Marcela, na casa dos 40 anos, estava há anos em análise. Com tendências obsessivas, tinha por hábito organizar seus afazeres (profissionais e pessoais) em *listas* e mantinha a disciplina de se ocupar da tarefa "seguinte" apenas quando a anterior estivesse devidamente cumprida e completa (e seguia a ordem). Certa vez observamos pela primeira vez que estava, em relação a uma demanda específica, em franca procrastinação. A referida tarefa tinha um prazo de entrega confortável e suficiente, mas esse adiamento não se justificava – afinal, Marcela nunca deixava seus afazeres para a última hora. Em análise, a paciente deu a seguinte "explicação" para o adiamento: estava conduzindo uma reforma em sua casa de praia e se ocuparia da tarefa profissional apenas depois que a reforma fosse concluída. Essa justificativa parecia coerente com seu *modus operandi*, afinal, ela cumpria uma tarefa "por vez", mas o fato é que algo ali não parecia convincente... A reforma transcorria bem e já estava no fim, o que lhe demandava pouco tempo de dedicação diária. O seu mundo interno também não parecia absorvido pela reforma, de modo que seria possível conciliar o acompanhamento do fim das obras e a produção do trabalho há tanto tempo adiado. E ainda: a reforma nem ao menos constava de sua lista escrita de afazeres, de tão pequenas as demandas e de tão diluídas que estavam em seu cotidiano. A incômoda procrastinação estava associada a uma angústia difusa: mesmo estando aflita com o adiamento, algo parecia *impedi-la* de se debruçar sobre o trabalho.

O desenlace aconteceu quando investigamos sobre a próxima tarefa na lista de Marcela, isto é, o item que a esperava *após* a entrega da produção "procrastinada". Tratava-se de um trabalho sobre o qual já vínhamos conversando há tempos: era uma demanda difícil que exigiria dela o enfrentamento de questões complexas e potencialmente dolorosas. Era essa tarefa (que podemos aqui nomear como tarefa B) a verdadeira origem da angústia que a levava a evitar ou protelar a execução da tarefa A. Afinal, ao terminar a tarefa A, Marcela, pela sua própria organização obsessiva de listagem, teria de enfrentar a angustiante tarefa B. A sua explicação para a demora em executar a tarefa A – isto é, a reforma da casa de praia – tratava-se, portanto, de uma *racionalização*: como nos ensinou Jones, uma explanação falsa que visa apenas esconder a verdadeira origem do fenômeno psíquico em questão. O que a análise evidenciou é que na verdade não só a reforma da casa *não era* a causa real do adiamento da tarefa, como o próprio objeto da evitação *não era* a tarefa A, mas sim a B, a fonte de angústia que a aguardava, ameaçadoramente, como o próximo item de sua lista de afazeres.

Devemos recordar que muitas vezes a racionalização se mostra como uma explicação competente, convincente, seja de um sintoma, uma ideia, um sonho, uma ação (Laplanche & Pontalis, 1992). Caso não houvesse lógica na explicação construída, o aspecto de irracionalidade próprio do inconsciente estaria exposto – portanto, mais vulnerável aos desvelamentos (incômodos) do trabalho psicanalítico. Justamente por ser uma explicação racional, "coerente do ponto de vista lógico, ou aceitável do ponto de vista moral" (p. 423), esse mecanismo demanda do analista uma atenção redobrada: o que pode parecer um *insight* maduro e colaborativo do paciente (dando a impressão de que o analisando fez importantes "descobertas" sobre si mesmo) pode bem ser um ocultamento dos reais conteúdos psíquicos que não desejam, defensivamente, que sejam descobertos – isto é, pode ser uma racionalização.

Mas voltemos agora ao final da história de Marcela. Após o desvelamento dos reais motivos por detrás da procrastinação, ela conseguiu dar os primeiros passos na execução da tarefa A e iniciou um processo de produção interessante e até mesmo prazeroso, trazendo às sessões suas ideias para conduzir o trabalho.

A tarefa A era afinal a produção de um texto (atividade que é fonte de prazer para ela, que adora escrever) e, ao final do processo, Marcela decidiu usar a si mesma como exemplo clínico para ilustrar o conceito de racionalização, tema de seu texto, que seria parte de um livro... que é a obra que o leitor tem agora em mãos. E Marcela entregou seu texto dentro do prazo, ficou satisfeita com o resultado e sentiu um prazer lúdico ao imaginar a surpresa do leitor ao descobrir qual é seu verdadeiro nome – que não é Marcela – e que ela teve a coragem de, como Freud, usar seu próprio psiquismo como exemplo em um trabalho psicanalítico.

(Agora Marcela precisa enfrentar a temida tarefa B. Mas isso é assunto para outro texto, outro trabalho... quem sabe uma tarefa C...)

Referências e indicações de leitura

Jones, E. (1908/1938). Rationalization in everyday life. In E. Jones, *Papers on psycho-analysis* (pp. 1-9). London: Bailliére, Tindall & Cox.

Laplanche , J., & Pontalis , J.-B. (1992). *Vocabulário da Psicanálise.* São Paulo: Martins Fontes.

WILHELM REICH (1897-1957)

37. Caráter e resistência

Antonio Dégas Mendes Junior

Quando alguém recorre ao psicanalista queixando-se de seus sintomas, não raro assume certo tom de perplexidade diante do mal que lhe acomete, como quem é invadido por um intruso em sua morada psíquica. Em contrapartida, certas manifestações soam familiares ao sujeito, estando incorporadas à dimensão corriqueiramente intitulada de "jeito de ser". Tomemos duas manifestações como exemplo: se por um lado a incidência de pensamentos obsessivos pode aparecer nas queixas de um sujeito enquanto algo indesejável, por outro, seu modo escrupuloso de lidar com as relações de trabalho possivelmente lhe passará despercebido.

Partindo do pressuposto de que os sintomas, por mais excêntricos e bizarros que pareçam, "possuem um sentido e guardam íntima relação com a vivência dos pacientes" (Freud, 1917/2014, p. 360), cabe à tarefa interpretativa o desvelamento dos conteúdos psíquicos que por meio deles se expressam de forma dissimulada. Por outro lado, seria aquilo a que chamamos provisoriamente de "jeito de ser" algo também interpretável? Wilhelm Reich, ao convocar a noção de caráter, afirma tal possibilidade.

A título de ilustração, Reich (1929/1998) compara o caráter a uma concha formada em torno do eu, como uma barreira protetiva desenvolvida ontogenicamente. Ao erigir-se em tal região fronteiriça, o caráter cumpre a dupla função de proteção do eu contra estímulos externos ameaçadores e contra as exigências pulsionais – essas últimas também percebidas como ameaças, haja vista os interditos e os ditames da cultura que a elas se opõem. Em Reich, a noção de caráter não apresenta conotação moral: não se trata de ter ou não caráter, mas da compreensão de que os modos típicos de reação do eu remontam à história dos sucessivos choques entre as pulsões e o mundo.

À medida que o eu, a seu modo, lida com os estímulos tidos como ameaçadores, sejam eles internos ou externos, certos modos de reação vão se cronificando na estrutura do caráter, conferindo--lhe, ao longo do tempo, certa consistência e automaticidade. Tal processo de cronificação, na terminologia reichiana conhecido como encouraçamento, invariavelmente se desenrola às expensas de certa parcela da mobilidade psíquica, como se houvesse um enrijecimento do eu na formatação de seu modo característico de existir (Reich, 1933/1998).

> *Em resumo, concebemos o caráter como um fator determinado essencialmente de modo dinâmico, e que se manifesta no comportamento característico de uma pessoa: o andar, a expressão facial, a postura, a maneira de falar e outros modos de comportamento. Esse caráter do ego é moldado por elementos do mundo externo, a partir de proibições, inibições pulsionais e as mais variadas formas de identificação (Reich, 1929/1998, p. 167).*

Ao defender-se das tumultuosas manifestações pulsionais que representam uma ameaça à integridade do eu, entendido aqui enquanto agente socialmente estruturado e ajustado, o caráter extrai do montante pulsional insatisfeito a matéria-prima para a sua formação. Ao mesmo tempo que torna desnecessária a reiterada ação do recalque – haja vista os modos de reação cronicamente incorporados à estrutura do eu –, consome o excedente pulsional que de outra forma se converteria em angústia (Reich, 1929/1998). Tal mecanismo, no entanto, não se desenrola livre de prejuízos, sendo a fábula de Robert Fisher[1] uma boa ilustração dos possíveis danos colaterais: o mais admirável cavaleiro de um reino certo dia percebe-se preso à sua própria armadura.

A dificuldade do cavaleiro em perceber-se preso ao seu principal instrumento de triunfo e defesa encontra uma analogia clínica na egossintonia do caráter. Este, por manifestar-se de forma alinhada aos interesses do eu, camufla-se em meio à trama do sofrimento do sujeito. Tomemos como exemplo um sujeito que se porta de forma exacerbadamente solícita e polida em análise, sempre assentindo às convocações do analista de forma cordial e produzindo material em abundância. Tal postura soa digna de apreço, tal qual a lustrosa armadura para o cavaleiro. Mas com qual prisão correspondente? Do ponto de vista dos artifícios do caráter, a polidez e a solicitude exacerbadas poderiam ser interpretadas como formas de evitamento das indesejáveis manifestações da agressividade recalcada. Ao portar-se com docilidade, o caráter se esgueira de confrontos incitadores da agressividade, mas com o preço de sobrepujar parte da vida pulsional do sujeito.

A observação de traços como os mencionados, em cada caso, conduz diretamente àquilo que Reich nomeia de resistências de caráter. "O indício da resistência de caráter não está naquilo que o

---

1 Fábula que se encontra no livro *O cavaleiro preso em sua armadura* (2007).

paciente diz e faz, mas no modo como fala e age" (Reich, 1928/1998, p. 67). A forma como o sujeito nega, como consente, como se cala, enfim, o plano formal de suas comunicações coloca em relevo as resistências que operam desde o caráter.[2] Justamente por promover a emergência de material inconsciente, o processo analítico afigura-se como uma ameaça ao equilíbrio mantido pelas formações caracterológicas. Diante da possibilidade de abalo do *status quo* psíquico, o sujeito resiste à sua maneira, seja por intermédio da exacerbada solicitude, de um silêncio obstinado, da ironia etc. Ao fazê-lo, surgem os indícios dos conflitos que levaram o caráter a assumir a sua forma particular.

Além de uma apreciação do conteúdo, que se associa ao fator histórico do conflito, Reich insiste em uma apreciação preliminar da forma. Em outras palavras, antes que entrem em ação as interpretações de significado, faz-se necessária a observação e o manejo dos modos pelos quais aquele caráter particular resiste ao material inconsciente. Um bombardeamento interpretativo por parte do psicanalista, além de estéril, não capta o significado contemporâneo do caráter, ou seja, a forma como se manifesta no ambiente analítico fazendo uso das resistências (Reich, 1927/1998).

Não basta comunicar ao cavaleiro que sua armadura tornou-se uma prisão, muito menos levá-lo a rememorar as batalhas que deixaram marcas em sua superfície metálica. É preciso convocá-lo no presente, manejando sob transferência suas reações ao ambiente analítico que se assemelham às suas reações ao ambiente de batalha. Afinal, fazê-lo compreender intelectualmente as propriedades do metal é muito diferente de fazê-lo experienciar a dureza de sua

---

2 A noção de caráter enquanto fonte de resistência já se encontra em Freud, assim como outras formulações utilizadas de empréstimo por Reich. Apesar de tal influência, foi Reich quem se dedicou a consolidar uma teoria sistematizada do caráter, bem como técnicas terapêuticas destinadas a tal conceito.

superfície. Em Reich, a noção de caráter, além de um poderoso instrumento de crítica sociológica, mitiga os riscos de uma clínica que repercuta meros efeitos semânticos.

Referências e indicações de leitura

Fisher, R. (2007). *O cavaleiro preso na armadura: uma fábula para quem busca a trilha da verdade*. Rio de Janeiro: Record.

Freud, S. (1917/2014). O sentido dos sintomas. In S. Freud, *Obras Completas* (Vol. 13). São Paulo: Companhia das Letras.

Reich, W. (1927/1998). Sobre a técnica de interpretação e de análise da resistência. In W. Reich, *Análise do caráter*. São Paulo: Martins Fontes.

Reich, W. (1927/2009). *O caráter impulsivo: um estudo psicanalítico da patologia do ego*. São Paulo: Martins Fontes.

Reich, W. (1928/1998). Sobre a técnica de análise do caráter. In W. Reich, *Análise do caráter*. São Paulo: Martins Fontes.

Reich, W. (1929/1998). O caráter genital e o caráter neurótico. In W. Reich, *Análise do caráter*. São Paulo: Martins Fontes.

Reich, W. (1933/1998). A solução caracterológica do conflito sexual infantil. In W. Reich, *Análise do caráter*. São Paulo: Martins Fontes.

38. Ideologia: uma força material

Maria Lucia Macari

Ergueste tu próprio os teus tiranos, e és tu quem os alimenta, apesar de terem arrancado as máscaras, ou talvez por isso mesmo.

Reich (1948/1982, p. 28)

Foi a partir de escutas e observações clínicas, enquanto atuava na Clínica Pública de Psicanálise de Viena e, posteriormente, na de Berlim, na década de 1920 e no início da de 1930, que Reich desenvolveu o conceito de ideologia. Embora seja uma noção comumente encontrada no campo da sociologia, o autor fará uma torção no termo e o trará para o terreno da psicanálise, propondo a este algumas aproximações com o materialismo dialético. Lembrar desses detalhes é imprescindível para desenvolvermos o conceito, afinal, Reich não costumava separar a clínica e a política, sendo um dos precursores dos atravessamentos entre marxismo e psicanálise e da chamada "esquerda freudiana".

O trabalho nas Clínicas Públicas por quase 10 anos e nos Centros de Orientação Sexual[1] possibilitou que Reich tivesse contato com as massas trabalhadoras, com os homens e as mulheres que não possuíam condições de arcar com as despesas financeiras de um tratamento psicanalítico. Dessas incontáveis escutas, começou a perceber que não adiantava tratar apenas os indivíduos quando grande parte dos problemas se encontrava no cerne da sociedade capitalista em questão. A investigação sobre a *etiologia social das neuroses* que desenvolveu nesse período trouxe à tona que a repressão social da sexualidade, no seio da família patriarcal-autoritária, tinha uma conexão direta com a opressão sócio-econômica-política do capitalismo. Eis que começam a surgir os questionamentos acerca da ideologia.

Existe uma tendência no "marxismo comum", como foi denominado por Reich, em afirmar que a ideologia seria um reflexo direto e objetivo da economia. Nessa concepção, as massas teriam uma inclinação quase "natural" à consciência de classe e, consequentemente, à revolução. Afinal, não seria estranho esperar que as massas trabalhadoras economicamente empobrecidas, sentindo na carne os dramas da miséria, desenvolvessem uma espécie de consciência de sua condição social e buscassem uma saída sensata. No entanto, não era esse cenário que se desenhava. O que se percebia naquele momento era um movimento, cada vez maior, em direção ao fascismo, que naquela época era o expoente maior da reação política. Com isso, Reich passa a entender que o fascismo não era apenas mais um partido político, mas uma ideologia sustentada pela estrutura de caráter do homem médio, pela figura emblemática do "Zé-ninguém": subjugado, sedento de autoridade e, ao mesmo tempo, revoltado (Reich, 1933/2001).

---

[1] Os Centros eram mantidos pela Sociedade Socialista para Consulta Sexual e Pesquisa Sexológica, criada por Reich junto a outros médicos e psicanalistas em 1928.

Desse modo, sugere que as questões de uma boa psicanálise deveriam ser reinventadas, pois, quando os trabalhadores passam fome em virtude dos baixos salários, decidem fazer uma greve e isso incide na economia; o mesmo podemos constatar de alguém que rouba para comer. Nesses casos, não haveria necessidade de mais explicações psicológicas para a greve, consequência da exploração, e para o roubo, consequência da fome. Em ambas as situações, ideologia e ação corresponderiam à pressão econômica, sendo explicadas pela psicologia reacionária em termos de motivos supostamente irracionais. Para Reich (1933/2001), a questão é colocada em outros termos: por que motivo a maioria dos esfomeados não rouba e dos explorados não faz greve?

De acordo com Reich, o materialismo dialético como vinha sendo pensado até então não seria suficiente para dar conta dessas novas realidades que se desenhavam no tecido social. Isso porque o marxismo comum não levaria em consideração o "fator subjetivo da história", isso é, "a ideologia das massas" (Reich, 1933/2001). Em razão disso, tenderia a cair em um economicismo e até mesmo em uma metafísica idealista, desconsiderando as contradições inerentes à própria realidade social, a *clivagem* entre economia e ideologia.

Quando se separa a existência econômica da existência social como um todo, afirmando que ideologia e consciência são determinadas exclusiva e diretamente pela economia, se dá vazão a uma antítese mecânica entre "infraestrutura" (economia) e "superestrutura" (cultura), o que leva a uma noção de ideologia unilateral, que dependeria estritamente da economia, desconsiderando o desenvolvimento do processo econômico a partir da ideologia, ou seja, o problema da "repercussão da ideologia" (Reich, 1933/2001, p. 14). Com isso, se cria uma noção de sujeito empobrecido que não leva em consideração a dinâmica do inconsciente em seus desdobramentos paradoxais.

Se a ideologia repercute sobre o processo econômico, ela perde seu caráter metafísico, na medida em que pode ser entendida como estruturante dos sujeitos atuantes. Logo, ela deixa de ser uma abstração idealista e passa a ser reconhecida como uma força material. Um dos papéis da ideologia seria a formação social do caráter, na medida em que certas estruturas são inerentes a determinadas organizações sociais. Ao que tudo indica, "cada organização social produz as estruturas de caráter que necessita para existir" (Reich, 1933/1998, p. 4). Portanto, um determinado sistema social não é apenas um mero espelho da economia, mas representa sua ancoragem e reprodução. Em outros termos, o meio pelo qual a realidade social se produz e permanece, criando uma espécie de tradição.

Ao retirar a ideologia do campo da economia pura e das abstrações idealistas, Reich desloca essa noção para a problemática da constituição dos sujeitos. Ao nos implicar nessa trama, compreendemos que o fascismo, por exemplo, não é um problema restrito à figura de um partido ou líder político, mas de homens e mulheres comuns. Com Reich, passamos a entender a ideologia como um aspecto que evidencia as marcas de um lugar de enunciação, ou seja, os processos de alienação que nos constituem como sujeitos do/no mundo.

Em uma situação clínica hipotética, inspirada nos casos reichianos encontrados no livro *Análise do caráter*, imaginemos o seguinte: uma mulher procura psicoterapia porque sofre diante das demandas da sociedade para que ela tenha filhos. No entanto, esse não é o seu desejo. Apesar de todos os avanços em relação ao lugar das mulheres na sociedade atual, ainda há um forte apelo ideológico de culto à maternidade compulsória, o que leva muitas mulheres ao sofrimento. Para Reich (1933/1998), isso aconteceria porque as ideologias sofrem mudanças em um ritmo muito mais lento do que a base socioeconômica.

Percebendo isso, que escuta podemos oferecer aos ecos ideológicos que ressoam sobre nossos divãs? Qual o compromisso social que a clínica representa quando reconhecemos o papel político da psicanálise e, é claro, dos psicanalistas? Essas questões são um convite às reflexões que surgem dos atravessamentos entre clínica e cultura, ao reconhecimento da ideologia como uma parte de nossa constituição como sujeitos. Em outros termos, um reconhecimento do legado reichiano que pulsa em sua atualidade.

Referências e indicações de leitura

Reich, W. (1929/1977). *Materialismo dialético e psicanálise.* 3a ed. Lisboa: Editorial.

Reich, W. (1933/1998). *Análise do caráter.* 3a ed. São Paulo: Martins Fontes.

Reich, W. (1933/2001). *Psicologia de massas do fascismo.* 3a ed. São Paulo: Martins Fontes.

Reich, W. (1934/1976). *O que é a consciência de classe?* São Paulo: Martins Fontes.

Reich, W. (1948/1982). *Escuta, Zé-ninguém!* Lisboa: Martins Fontes.

MARIE BONAPARTE (1882-1962)

39. Complexo de perfuração

Sarug Dagir Ribeiro

O complexo de perfuração, conceito cunhado por Bonaparte (1936/1952), inicialmente foi dirigido às vicissitudes da sexualidade feminina. De modo geral, refere-se ao desconforto ou à ansiedade de penetração por parte da mulher, que causa sofrimento clinicamente significativo e pode assumir a forma de um medo paralisante, impossibilitando o coito vaginal. É designado pela autora como o equivalente do complexo de castração, entretanto, um complexo não invalida o outro e ambos coinfluenciam o desenvolvimento psicossexual da menina.

Desse modo, ao lado do complexo de castração, situamos a inveja do pênis e, ao lado do complexo de perfuração, localizamos o medo da penetração sexual. Os argumentos da autora apontam para um vetor que sai da célula para o psiquismo humano, à medida que "todo organismo vivo, do micróbio ínfimo aos mamíferos, recua diante da ameaça de efração ao interior de seu corpo" (Bonaparte, 1936/1952, p. 35, tradução nossa). O termo e fração é utilizado aqui como sinônimo de arrombamento ou ruptura dos limites do corpo.

Reconhecemos que nesse conceito se configuram as facetas mais biologizantes da psicanálise bonaparteana, daí um cenário fértil para a crítica ao desvio biologizante em psicanálise. Entretanto, as implicações clínicas desse conceito podem ser direcionadas ao entendimento do transtorno do orgasmo feminino. Em alguns casos, observa-se que "a penetração fecundadora do macho é sentida como uma efração intolerável" (Bonaparte, 1936/1952, p. 38), em que a integridade narcísica do eu estaria em oposição à possibilidade de efração do corpo gerada pela ameaça do pênis violador.

São inúmeros os casos clínicos apresentados pela autora e a sintomatologia pode ser resumida da seguinte maneira: "o medo da efração se manifesta no terror de tantas virgens de ser penetradas, e se encontra, sem dúvida, na base de muita frigidez feminina" (Bonaparte, 1936/1952, p. 37).

Chama-nos atenção o caso clínico de uma mulher que diz ter um sonho em que vê os órgãos genitais se acoplarem, mas, em vez de o pênis do homem ter penetrado, foi a mulher com um pequeno pênis oculto no fundo de sua vagina que ejaculou na uretra do macho. Segundo Bonaparte, esse sonho de sua paciente expressa o desejo de virada dos papéis anatômicos.

Numa sessão de análise, essa paciente narra que, por volta dos 12 anos de idade, teve um envolvimento sexual com um coleguinha da mesma idade. Então, o menino tocou seu clitóris com o pênis e nessa ocasião ela sentiu um orgasmo instantâneo e intenso, mas, quando o órgão masculino foi direcionado ao seu canal vaginal, ela sentiu um medo intenso, como se aquele ataque pudesse destruí-la. E assim, foi convencida de que seu clitóris tinha realmente o papel de penetrar a uretra do parceiro e não ser ela a penetrada pelo macho. Na vida adulta, sua orientação sexual se manteve heterossexual, contudo, sua preferência manteve-se por penetrar com seu clitóris a abertura do orifício uretral peniano de seus parceiros.

Torna-se uma mulher "clitoridiana exclusiva" (p. 99), cujo complexo de penetração é decisivo em suas escolhas.

Outra situação clínica que o complexo de perfuração pode alcançar é o transtorno da dor gênito-pélvica/penetração, que se refere a quatro dimensões de sintomas comórbidos comuns: (1) dificuldade de ter relações sexuais; (2) dor gênito-pélvica; (3) medo de dor ou de penetração vaginal; e (4) tensão dos músculos do assoalho pélvico.

Segundo o DSM-5 (APA, 2014), é possível estabelecer o diagnóstico com base em apenas uma dimensão de dificuldade acentuada. Geralmente esse transtorno costuma provocar sofrimento clinicamente significativo e sua gravidade pode variar do nível leve ao nível grave. Esse último é "marcado pela incapacidade total para experimentar penetração vaginal em qualquer situação (p. ex., relação sexual, exames ginecológicos, inserção de absorvente interno)" (p. 481). O complexo de perfuração pode explicar alguns mecanismos psíquicos envolvidos nesse transtorno, o que evidentemente não nos autoriza a negligenciar as causas orgânicas envolvidas nesse tipo de adoecimento.

Sobremaneira, alguns transtornos parafílicos, como o transtorno do masoquismo sexual, caracterizado pelas preferências sexuais de certos indivíduos em ser humilhados, espancados, flagelados, amarrados ou submetidos a qualquer outro tipo de sofrimento, bem como o transtorno do sadismo sexual, caracterizado pelo interesse sexual intenso em infligir dor ou sofrimento físico ou psicológico a uma pessoa sem seu consentimento, podem ser caracterizados pela teoria do complexo de perfuração, em que o medo da perfuração é traduzido ou metabolizado no aparelho psíquico como desejo de arrombamento dos orifícios. Ali onde a sexualidade do outro compareceu como penetrante há, pela via do masoquismo, um tipo de apropriação que constitui o sujeito como penetrado.

Podemos pensar não só nos efeitos psíquicos e pulsionais da oposição interno-externo inerente à delimitação de fronteiras do eu com o recalcamento primário, mas sobretudo na tradução da penetração que vem com o recalcamento secundário. Situamos, assim, o complexo de perfuração na justa medida de uma dimensão tradutiva que envolve a "passagem entre os domínios da autoconservação e da sexualidade, em que o medo se apoia na ferida biológica (sangue, corte, fissura, orifício) para produzir o medo/desejo psicológico da perfuração" (Ribeiro & Belo, 2019, p. 596).

Essa dimensão traduzida está entre duas metas: penetrar ou ser penetrado, em que os papéis de vítima e agressor nem sempre são estáticos ou consentidos e podem variar de um comportamento quase normal a um comportamento destrutivo ou danoso para a própria pessoa ou para o parceiro. Afinal, em alguns casos de masoquismo extremo, há risco de morte acidental ou proposital decorrente da violência sofrida. Sabemos que a regulação dos impulsos masoquistas ou do sadismo sexual perpassa limites que são difíceis de serem contidos de forma consciente. É preciso lembrar das personagens de Sade (1785/2013): "um belo cadáver de moça que acaba de ser assassinada; ele a manipula de todos os jeitos e a enraba" (p. 314). Portanto, nessa relação entre complexo de perfuração e masoquismo, é fundamental admitir que a existência de orifícios penetráveis no corpo e o desejo de que sejam arrombados estabelecem uma das formas por meio das quais o medo da efração é simbolizado em desejo de efração como uma das principais vias de representação do ataque pulsional.

Estudos atuais já aproximam o complexo de perfuração da noção de sexualidade orificial, o que significa admitir possibilidades clínicas que dizem respeito não somente à sexualidade feminina. Nessa direção, a teoria do complexo de perfuração também se aplica ao Koro, uma síndrome ligada à cultura, geralmente relatada no sul e no leste da Ásia, que se refere a um episódio de ansiedade súbita e intensa de que o pênis, nos homens, e a vulva ou os mamilos, nas mulheres, vão se retrair e penetrar o corpo, causando a morte.

Referências e indicações de leitura

American Psychiatric Association (APA). (2014). *Manual diagnóstico e estatístico de transtornos mentais: DSM-5*. Porto Alegre: Artmed.

Bonaparte, M. (1936/1952). Vues paléobiologiques et biopsychiques. In M. Bonaparte, *Psychanalyse et Biologie* (pp. 34-41). Paris: PUF.

Ribeiro, S. D., & Belo, F. R. R. (2019). Complexo de perfuração: uma interpretação a partir da teoria da sedução generalizada. *Revista Latinoamericana de Psicopatologia Fundamental, 22*(3), 584-605.

Sade, M. (1785/2013). *Os 120 dias de Sodoma ou A escola da libertinagem*. São Paulo: Iluminuras.

40. *Quantum* (plural: *quanta*) psíquico(s)

Sarug Dagir Ribeiro

A noção de *quantum* psíquico tem seu esteio na conjuntura das afinidades entre a física quântica e a psicanálise. Essa noção surge muito antes da chamada psiquiatria quântica (Globus, 2010) e está localizada nas objeções que Bonaparte faz à tese freudiana da atemporalidade do inconsciente, ou seja, no inconsciente os processos não são ordenados temporalmente nem se modificam com a passagem do tempo. Essas objeções podem ser resumidas em três grandes refutações. A primeira se refere à preservação do sentido de tempo no inconsciente mesmo quando dormimos, tanto é que alguns dormentes podem "acordar sozinhos depois de determinado período de sono. O inconsciente sente o tempo fluindo e é por isso que esses indivíduos acordam numa determinada hora exata" (Bonaparte, 1939, p. 75, tradução nossa).

A segunda objeção é fruto de um intenso diálogo entre a autora e Freud a respeito dos postulados kantianos acerca das concepções de tempo e espaço, no contexto de sua exposição metafísica. Assim,

> *o sonho, essa estrada real, de acordo com Freud, que leva ao inconsciente, não sabe como fazer sem o espaço e o tempo! O espaço é muito evidente, pois o sonho é geralmente visual e a imagem projeta-se no espaço. Mas independentemente da distorção que o tempo sofra em um sonho, ele é sempre tempo. Portanto, essas formas inelutáveis da nossa percepção, tempo e espaço, estão salvas no inconsciente. (Bonaparte, 1939, pp. 75-76)*

Essa segunda refutação é levada em conta por Freud, que, ao ler o ensaio de Bonaparte, lhe comunica: "Então, como o espaço do mundo exterior seria projetado a partir do nosso espaço interno, assim também ocorre com o tempo" (citado por Bonaparte, 1939, p. 102).

Substancialmente, na terceira objeção, a autora recorre à noção de *quantum* psíquico, numa clara alusão às descobertas da física quântica. Na física, um *quantum* refere-se à menor quantidade de qualquer grandeza física envolvida numa interação. A ideia de que uma grandeza pode ser quantizada vem da hipótese da quantização, procedimento matemático que atribui um valor específico a determinado sistema físico, ou seja, isso implica que a magnitude dessas grandezas pode assumir valores discretos, que são múltiplos inteiros da unidade de um *quantum*. A quantização das grandezas é a base da mecânica quântica e deriva da descoberta dos raios catódicos e da introdução do termo corpo negro, conceitos que rompem com a física clássica, na qual, em vez de partículas de massa que se deslocam pelo espaço, temos ondas.

Pesquisadores já postulam a existência de um campo quântico mental universal, subjacente a todos os processos mentais (Martin, Carminati & Carminati, 2013). Todavia, o que é quantizado no aparelho psíquico? Podem ser tanto os próprios sistemas que formam o aparelho psíquico (consciente/pré-consciente/inconsciente) como a própria pulsão. Nessa direção, tomando inspiração na teoria da ressonância magnética nuclear (RMN), podemos conceber o consciente/pré-consciente/inconsciente como um conjuntos de *bits* quânticos (*qubits*), como os vetores multidimensionais de um espaço de Hilbert (Botelho, 2015). Nessa perspectiva, Martin et al. (2013) construíram um modelo em que a interação elementar, por exemplo, entre um *qubit* da consciência e um *qubit* do inconsciente evolui temporalmente de um sistema para o outro como se estivesse em emaranhado quântico. Pesquisas mais recentes (Careggio, 2018) têm defendido que a realidade do inconsciente é mais parecida com as visões quânticas e relativísticas mais amplas.

Bonaparte (1939), para explicar a ideia dos *quanta* psíquicos, toma como exemplo clínico a neurose obsessiva e esclarece:

> quanta *psíquicos podem se formar no inconsciente e, tendo atingido certo limiar, irrompem no pré-consciente, onde perturbariam a vivência da temporalidade. O eu do obsessivo tem uma rigidez muito específica e a atemporalidade que emana do inconsciente traz ao seu eu, que possui um agudo sentimento de posse do tempo, um conflito enorme. E a obsessão com o controle do tempo geralmente nunca cede (p. 77-78).*

Essa passagem parece indicar uma aparente contradição com as críticas que Bonaparte faz à hipótese freudiana da atemporalidade do inconsciente, no entanto, na física quântica muitos processos, como os entrelaçamentos quânticos, podem ser a-espaciais e a-temporais, como também espaciais e temporais, uma condição não exclui a outra. Portanto, a noção dos *quanta* psíquicos aponta para uma representação espaço-temporal dos processos mentais baseada na noção de função de onda e de campos quânticos. Elucidamos com o caso clínico de um jovem professor que nos buscou para uma consulta com a queixa de estar se sentindo angustiado por uma sensação estranha de perda de tempo subjetiva, sem amnésia aparente. Ele tem a necessidade de um rígido horário para suas atividades diárias, o que o fazia executar suas atribuições sempre no mesmo horário. Ao longo das consultas foi cogitada a conexão da sua queixa com eventos traumáticos. Assim, atribuímos uma descontinuidade entre o funcionamento perceptivo-temporal da consciência e a retirada de impulsos (*quantum/quanta*) do inconsciente. No modelo de operação dos emaranhados quânticos das instâncias psíquicas, o conflito se situa entre o controle obsessivo do tempo e a sensação subjetiva de perda do tempo (ligado ao trauma). É fundamental ter o conhecimento da teoria quântica, tato e ritmo, uma vez que uma busca entusiástica pela "verdade" pode infligir danos psicológicos em um paciente que ainda está sofrendo em decorrência de um abuso que suportou vários anos antes.

É possível utilizar o conceito dos *quanta* psíquicos para investigar diversas condições psicopatológicas das quais se espera uma alteração espaço-temporal. Para isso, a ideia básica da teoria quântica, que enfatiza o papel da totalidade, é relevante para a psicopatologia, uma vez que a ruptura da unidade no domínio mental é a característica fundamental que leva a uma teoria diagnóstica capaz de identificar um transtorno. Podemos citar o transtorno de hipersonolência, cuja alteração no estado de alerta pode levar a redução na habilidade motora, podendo ocorrer falhas de memória e desorientação no tempo e no espaço. No transtorno depressivo maior grave, há a sensação de que o tempo encolheu ou a falta da sensação do avançar subjetivo do tempo. Pacientes ansiosos sentem que o tempo de que dispõem é sempre insuficiente. Nos estados maníacos, os pacientes têm a vivência do espaço extremamente dilatado e amplo, que invade o espaço das outras pessoas. Na agorafobia, o espaço exterior é percebido como sufocante e potencialmente aniquilador. Nessa direção, todos os transtornos mentais que envolvem vivências psicopatológicas do tempo e do espaço se beneficiariam das implicações teórico-clínicas dos *quanta* psíquicos, na medida em que espaço e tempo passam a ser vistos como conceitos relativos, reduzidos ao papel subjetivo de elementos da linguagem, em que o próprio modo de funcionamento psíquico aponta para um arranjo da movimentação quântica.

Referências e indicações de leitura

Bonaparte, M. (1939). L'inconscient et le temps. *Revue Française de Psychanalyse, 11*(1), 61-105.

Botelho, G. (2015). *Fundamentos de análise funcional.* Rio de Janeiro: Sociedade Brasileira de Matemática.

Careggio, A. (2018). Quantum physics on Freud's couch. *Cosmos and History: The Journal of Natural and Social Philosophy, 14*(2), 304-314.

Globus, G. (2010). Toward a quantum psychiatry: hallucination, thought insertion and DSM. *NeuroQuantology, 8*(1), 1-12.

Martin, F., Carminati, F., & Carminati, G. G. (2013). Quantum information theory applied to unconscious and consciousness. *NeuroQuantology, 11*(1), 16-33.

MARIE BONAPARTE (1882-1962) E RUDOLPH LOEWENSTEIN (1898-1976)

41. Falo passivo

Sarug Dagir Ribeiro

O termo "falo passivo" foi cunhado conjuntamente por Loewenstein (1935) e Bonaparte (1949/1967) e conserva estreita relação com as fases pré-genitais da organização da libido e as intervenções do adulto sobre o corpo do bebê nos cuidados de higiene e carinho. Para os autores, o falo é ativo e passivo e, embora passivo, é investido libidinalmente. "É passivamente que ele é antes de tudo vivo" (Bonaparte, 1949/1967, p. 71).

A distinção entre falo ativo e falo passivo se dá nos seguintes termos:

> *Que nós entendamos por falo ativo aquele que espontaneamente, por excitação nervosa central, na visão ou no pensamento do objeto amado, é capaz de entrar em ereção e de desejar penetrar. O falo passivo, ao contrário, tem necessidade de excitações periféricas localizadas e pode mesmo assim, em certos casos extremos de passividade, chegar ao orgasmo sem ereção (Bonaparte, 1949/1967, p. 72).*

Nos cuidados maternos com a higiene do corpo do bebê, ocorrem carícias provedoras essenciais de excitações que são provocadas ora pelo toque intencional, ora pelo toque involuntário, podendo inclusive ser direcionado ao pênis ou ao clitóris do bebê. Nessa perspectiva, as origens da passividade fálica encontram correspondência na teoria da sedução generalizada (TSG), de Jean Laplanche (Ribeiro & Belo, 2018). A TSG nos ajuda a ampliar a noção de sedução envolta com a pré-história passiva do falo, reconhecendo que, nos inelutáveis encontros do bebê com os cuidados dos adultos, estão presentes modalidades distintas de mensagens (intromissão/implantação) a ele endereçadas, comprometidas com a sexualidade inconsciente desses adultos.

O falo passivo aparece como um conceito condutor de uma elaboração teórico-clínica sobre a frigidez na mulher (Bonaparte, 1949/1967) e a impotência sexual no homem (Loewenstein, 1935). Portanto, é um conceito articulado à clínica desde o seu nascedouro. Loewenstein (1935) nos apresenta inúmeras descrições de casos clínicos que nos dão a dimensão da importância clínica de tal conceito. Em um deles o autor afirma:

> *A análise de um homem acometido de transtorno da potência sexual, relativamente grave, permitiu-me colocar em dia as relações existentes entre a passividade fálica e os transtornos ejaculatórios. Esse homem consegue ter um ou outro orgasmo sem a ereção do pênis, frequentemente quando ele permanece imóvel até o fim do ato, e sob as carícias da mulher, sentindo o orgasmo aproximar, ele se entrega aos movimentos de vai e vem, por meio dos quais aciona o orgasmo (Loewenstein, 1935, p. 40).*

Sabemos que existem diversos matizes da impotência sexual masculina, a qual pode se manifestar de diferentes maneiras na clínica (Cavalcanti & Cavalcanti, 2012). Com o conceito de falo passivo percebemos que a não ocorrência da ereção do pênis não significa necessariamente insensibilidade ou desprazer. Sabemos que há casos em que a cirurgia de câncer de próstata ou um traumatismo na coluna vertebral levam a algumas consequências. A cirurgia de câncer provoca incontinência urinária e infertilidade; o traumatismo na coluna impossibilita os movimentos dos membros abaixo do nível da lesão, e em ambos os casos pode ocorrer a disfunção erétil.

Desse modo, o indivíduo terá de se haver com o seu pênis sempre sem ereção nos encontros íntimos de natureza afetivo-sexual. Mas é decisivo o modo como o psicanalista conduz o tratamento desses sujeitos, oferecendo a eles a possibilidade de em algum momento da vida aprenderem a obter orgasmo sem ereção, instaurando, assim, condições inéditas em seu psiquismo.

Bonaparte (1949/1967) afirma conhecer alguns casos clínicos de passividade fálica em mulheres que resultaram de seduções precoces que as marcaram para sempre. Em outras palavras, a direção da sedução precoce influenciará a menina na escolha em privilegiar uma zona erógena em prol da outra na vida sexual adulta, seja o clitóris, seja a vagina ou ambas. Assim, esse endereçamento pode ter sido para uma zona mais fracamente carregada, em que provavelmente a sedução permaneceu inoperante e não teve êxito, ou para uma zona mais enervada fisiologicamente, levando ao prazer terminal por meio do orgasmo.

Ao retomar os grupos femininos estabelecidos pelo pai da psicanálise frente às diferentes reações das meninas ao complexo de castração e à inveja do pênis, a autora explica que nas mulheres reivindicadoras (*revendicatrices*), aquelas que possuem um complexo de virilidade poderoso e uma bissexualidade muito acentuada, a passividade fálica nos tempos primevos lhes garantiu uma sensibilidade erótica falicamente localizada no clitóris.

Um dos casos clínicos narrado é o de uma mulher que, na infância, por volta dos nove anos de idade, foi seduzida por um homem adulto, um trabalhador doméstico da família. Esse homem, nas sombras dos corredores da casa, procedeu na menina a masturbação clitoridiana, e essas relações duraram algum tempo, até que foram descobertas pelos pais da menina, e o homem sedutor foi consequentemente banido do seio familiar. Bonaparte (1949/1967) afirma que essa menina, mais tarde, já mulher, tornara-se uma clitoridiana exclusiva, para a qual somente as carícias externas em seu clitóris lhe proporcionavam a satisfação, permanecendo insatisfeita no coito vaginal.

O falo passivo compreendido para além do primado do genital rende maior entendimento aos fatos da sexualidade, pois, "no ser humano, o impulso sexual [*Sexualtrieb*] é composto por impulsos parciais [*Partialtrieben*] que não servem originalmente à reprodução, mas antes à obtenção de prazer em partes do corpo, para além dos genitais" (Ceccarelli & Andrade, 2018, p. 235).

Nesse sentido, o falo passivo compreendido para além da genitalidade apresenta, a nosso ver, justa relevância em vista da contemporaneidade de certas demandas e certos sofrimentos psíquicos que têm chegado aos nossos consultórios, como o transtorno do orgasmo feminino (F52.31), o transtorno erétil (F52.21) e a disforia de gênero (F64.1), entre outros. Esse último, com o movimento pela despatologização, fruto de interesses sociopolíticos e econômicos do nosso atual momento histórico e cultural, tem requerido mais do clínico que os meros laudos para a cirurgia de readequação sexual ou a hormonioterapia, que muitas vezes se mostram insuficientes no tratamento. No caso de disforia de gênero (F64.1) em adultos com aversão por sua genitália, a atividade sexual é limitada pela preferência de que seus órgãos sexuais não sejam vistos nem tocados pelo parceiro.

Nesses casos, a vivência da passividade fálica pode surgir como uma reparação ao sentimento de vergonha do órgão genital, buscando dar visibilidade às experiências em torno dos genitais de maneira menos angustiante e vergonhosa. Essas são algumas situações clínicas em que o falo passivo deve ser situado como possibilidade terapêutica em nossos dias.

Referências e indicações de leitura

Bonaparte, M. (1949/1967). Du phallus passif. In M. Bonaparte, *Sexualité de la femme* (pp. 70-74). Paris: PUF.

Bonaparte, M. (1952). Les deux frigidités de la femme. In M. Bonaparte, *Psychanalyse et Biologie* (pp. 12-19). Paris: PUF.

Cavalcanti, R., & Cavalcanti, M. (2012). *Tratamento clínico das inadequações sexuais*. São Paulo: Roca.

Ceccarelli, P. R., & Andrade, E. L. (2018). O sexual, a sexualidade e suas apresentações na atualidade. *Revista Latinoamericana de Psicopatologia Fundamental, 21*(2), 229-250.

Loewenstein, R. (1935). De la passivité phallique chez l'homme. *Revue Française de Psychanalyse*, *8*(1), 36-43.

Ribeiro, S. D., & Belo, F. R. R. (2018). Falo passivo e sedução originária. *Memorandum*, 35, 205-223.

Ribeiro, S. D., & Belo, F. R. R. (2019). O que é falo passivo? *Reverso, 41*(78), 55-62.

JEANNE LAMPL-DE GROOT
(1895-1987)

42. Édipo ativo das mulheres

Camila Terra da Rosa

Jeanne Lampl-de Groot, psicanalista holandesa, em conjunto com uma série de produções de mulheres psicanalistas de sua época, escreve, em 1927, o texto *A evolução do complexo de Édipo nas mulheres*. Nesse trabalho, dedica-se a pensar o complexo de Édipo, especialmente o chamado Édipo ativo, e o complexo de castração nas meninas.

Lampl-de Groot (1927/1967) começa seu texto com um questionamento: "como é que a menina, que nunca teve um pênis e, por conseguinte, nunca conheceu seu valor por experiência própria, o considera algo tão precioso?" (p. 53). Por que a menina, de repente, rebaixaria o prazer que provavelmente já sentia em seu clitóris ao deparar-se com o pênis de algum menino (ressaltamos aqui que a autora observou em meninas pequenas a atividade clitoridiana)? Podemos perceber a atualidade dessa questão: qual psicanalista não pensou sobre esse ponto durante seus estudos e escutas clínicos? A autora, dentro das possibilidades de sua época, repensa o complexo de castração nas mulheres, revisando o que havia sido proposto por

Freud até então.[1] Logo no início, Lampl-de Groot já coloca uma questão importante, em eco com Karen Horney: há uma limitação na observação da sexualidade de meninas, devida ao funcionamento de uma sociedade repressiva.

Para a psicanalista os estágios pré-genitais partem do mesmo ponto para meninos e meninas, ou seja, ambos tomam sua mãe como objeto amoroso. Essa é a primeira diferença acrescentada na teoria freudiana; mais tarde, Freud inclui esse ponto em seus escritos. Assim, para a autora, a menina quer conquistar sua mãe e eliminar seu pai. Ao deparar-se com o órgão genital feminino, essa cena passa a se modificar e ela "descobre que o genital do menino é maior, mais poderoso, e mais visível que o seu, e que ele pode usá-lo ativamente para urinar, processo que para a menina tem um significado sexual" (Lampl-de Groot, 1927/1967, p. 55).

É nesse momento que há uma virada na cena edípica da menina: há uma exigência de abandono da mãe como objeto amoroso, pelo seu ressentimento em não possuir um órgão maior, e sua volta para o pai só se dá de uma forma secundária. Para a autora, é assim que se dá o desejo da maternidade e a passividade – vista até então como marca do feminino na psicanálise – ganha espaço:

> *A relação libidinal-objetal com sua mãe se transforma em uma identificação com esta; ela elege o pai como objeto amoroso: o inimigo converte-se no amado. . . surge nesse momento o desejo de um filho no lugar do desejo de um pênis (Lampl-de Groot, 1927/1967, p. 56).*

---

[1] Lembramos que os dois grandes textos freudianos escritos sobre a temática da sexualidade feminina – *Sexualidade feminina* e a conferência *Feminilidade* – são de 1931 e 1933 respectivamente e foram influenciados por trabalhos como o de Lampl-de Groot.

Esse é um ponto de vista interessante de Lampl-de Groot. Para ela, a menina nunca abandona de fato a mãe como objeto amoroso, sempre há a possibilidade de retorno a esse primeiro momento. Aqui podemos ver uma certa transgressão feminina: a passividade é uma escolha temporária, que mascara como um véu o primeiro momento da menina: sua atividade na escolha de seu objeto primário.

> *. . . devemos ter em conta duas possibilidades: ou bem a menina nunca foi capaz de renunciar por completo a seu desejo de possuir a mãe e estabeleceu assim um vínculo frágil com o pai, ou bem realizou um violento intento de substituir a mãe pelo pai como objeto amoroso, mas, depois de sofrer nova decepção por parte deste, volta à sua primeira posição (Lampl-de Groot, 1927/1967, p. 60).*

Em um posicionamento contraditório ao freudiano – podemos imaginar a intensidade disso para a época –, a psicanalista sustenta que o complexo de castração é uma formação secundária. Dessa forma, a inveja do pênis tem uma função na passagem da mãe para o pai, porém somente como anteparo desse primeiro momento – intenso, arcaico e ativo – com sua mãe. É na escuta clínica da transferência que esse amor ativo pela mãe se mostra, mesmo que encoberto pelo amor passivo pelo pai.

Para embasar sua teoria, Lampl-de Groot traz o caso de uma jovem histérica que foi encaminhada por seu antigo analista – homem – por estarem tendo dificuldades transferenciais, que resultavam, segundo a análise, em uma dificuldade no trabalho. A transferência com Lampl-de Groot começa de forma positiva: "como uma menininha que corre para sua mãe em busca de proteção" (1927/1967, p. 63). Logo, essa transferência erotiza-se e a analista se vê sendo cortejada pela paciente. Nesse caso, não cabia a interpretação de uma tentativa de identificação, mas da tentativa de uma posse erótica – o que foi corroborado por sua história e por diferentes fantasias infantis. A paciente possui alguns padrões de repetição em sua vida: logo após decepções amorosas com homens, voltava-se para relações homossexuais (o que, novamente, se repetiu em suas duas análises); Lampl-de Groot interpretou esse movimento como retorno ao primeiro estágio de relação com sua mãe. A partir do momento que isso pode ser vivido na transferência, a paciente pode elaborar os sentimentos voltados à sua mãe e passa a poder trabalhar e ter relações mais saudáveis.

A grande contribuição da autora para a psicanálise – a escuta do Édipo ativo das mulheres – é uma contribuição clínica, tanto no seu ponto de partida – por meio de sua escuta de suas analisandas – quanto na sua chegada: é de extrema importância tirarmos a feminilidade da moldura da passividade. Assim, mesmo em dias atuais, vemos o quanto o exercício de deslocamento na escuta proposto por Lampl-de Groot se mostra frutífero em nossos consultórios. Podemos nós escutar a atividade das mulheres?

Referências e indicações de leitura

Freud, S. (1931/1996). Sexualidade feminina. In S. Freud, *Edição Standard Brasileira das Obras Psicológicas Completas de Sigmund Freud* (Vol. XXI, pp. 233-254). Rio de Janeiro: Imago.

Freud, S. (1993/1996). Feminilidade. In S. Freud, *Edição Standard Brasileira das Obras Psicológicas Completas de Sigmund Freud* (Vol. XXII, pp. 113-134). Rio de Janeiro: Imago.

Lampl-de Groot, J. (1967). La evolución del complejo de Edipo en las mujeres. In E. Jones (Org.), *Psicoanálisis y sexualidad femenina* (pp. 49-70). Buenos Aires: Hormé.

Rosa, C. T., & Weinmann, A. O. (2020). A sexualidade feminina em escritos das pioneiras da psicanálise. *Revista Subjetividades*, 20(3), e9499.

Sobre os autores

Adela Judith Stoppel de Gueller – Doutora em Psicologia Clínica pela Pontifícia Universidade Católica de São Paulo (PUC-SP). Professora dos cursos de Especialização em Teoria Psicanalítica (COGEAE-PUC-SP) e de Psicanálise com Crianças (Instituto Sedes Sapientiae). Coorganizadora do livro *Psicanálise com crianças: perspectivas teórico-clínicas* e oganizadora do livro *Atendimento psicanalítico de crianças.*

Ana Gebrim – Psicanalista. Professora do curso Formação em Psicanálise do Instituto Sedes Sapientiae e da pós-graduação da Fundação Escola de Sociologia e Política de São Paulo (FESP). Doutora em Psicologia Clínica pela Universidade de São Paulo (USP) e pela National des Langues et Civilisations Orientales (INALCO) e mestre em Sociologia Clínica e Psicossociologia pela Université Paris VII.

Ana Lúcia Mandelli de Marsillac – Psicanalista. Professora adjunta do Departamento e do PPG em Psicologia da Universidade Federal de Santa Catarina (UFSC). Membro da Associação Psicanalítica de Porto Alegre (APPOA). Coordenadora do grupo de pesquisa Laboratório de Psicanálise, Processos Criativos e Interações Políticas

(LAPCIP) e do projeto de extensão Acompanhamento Terapêutico: clínica e criação na cidade (UFSC). Bolsista de Produtividade em Pesquisa (PQ) do Conselho Nacional de Desenvolvimento Científico e Tecnológico (CNPq).

André De Martini – Psicanalista, doutor pelo Instituto de Psicologia da Universidade de São Paulo (USP) e docente da Especialização em Teoria Psicanalítica e Clínica Psicanalítica do Centro de Ensino, Pesquisa e Clínica em Psicanálise (CEPCOP), na Universidade Santa Úrsula (USU). Associado ao Círculo Psicanalítico do Rio de Janeiro, exercendo sua prática clínica entre Rio de Janeiro e São Paulo.

Antonio Dégas Mendes Junior – Psicólogo graduado pela Universidade Anhembi Morumbi (UAM).

Caio Padovan – Psicólogo clínico e psicanalista, doutor em Psicopatologia e Psicanálise pela Université Paris VII. Professor colaborador do departamento de Psicologia da Université Paul Valéry (Montpellier 3) e pesquisador ligado ao Departamento de Filosofia da Pontifícia Universidade Católica do Paraná (PUC-PR).

Camila Terra da Rosa – Psicóloga pela Pontifícia Universidade Católica do Rio Grande do Sul (PUC-RS). Psicanalista membro do Centro de Estudos Psicanalíticos de Porto Alegre (CEPdePA). Mestra em Psicanálise: Clínica e Cultura pela Universidade Federal do Rio Grande do Sul (UFRGS).

Cassandra Pereira França – Professora titular da Universidade Federal de Minas Gerais (UFMG). Coordenadora do núcleo de pesquisas CAVAS (Crianças e Adolescentes Vítimas de Abuso Sexual), da UFMG, que promove estudos psicanalíticos sobre violência sexual contra crianças e adolescentes. Membro do Grupo Brasileiro de Pesquisas Sándor Ferenczi (GBPSF). Doutora e pós-doutora em Psicologia Clínica pela Pontifícia Universidade Católica de São Paulo (PUC-SP).

Claudia Henschel de Lima – Professora associada II do Departamento de Psicologia da Universidade Federal Fluminense (UFF), professora permanente do Programa de Pós-Graduação em Psicologia da Universidade Federal do Rio de Janeiro (UFRJ) e do Mestrado Profissional em Administração Pública (PROFIAP) da UFF. Coordenadora do Laboratório de Psicopatologia Fundamental e Estudos de Subjetividade e Emergência Humanitária.

Davi Berciano Flores – Psicanalista e supervisor clínico, graduado em Psicologia pela Pontifícia Universidade Católica de São Paulo (PUC-SP), com especialização em Psicanálise pelo Instituto Sedes Sapientiae. É mestre em Psicologia Clínica pela Universidade de São Paulo (USP), docente do Centro de Estudos Psicanalíticos (CEP), membro do Laboratório Interinstitucional de Estudos da Intersubjetividade e Psicanálise Contemporânea (LIPSIC) e do Grupo Brasileiro de Pesquisas Sándor Ferenczi (GBPSF).

David Borges Florsheim – Graduado em Psicologia pela Pontifícia Universidade Católica de São Paulo (PUC-SP) e em Ciências Sociais pela Universidade de São Paulo (USP). Especializado em Psicologia da Saúde e em Psicoterapia Psicodinâmica dos Transtornos de Personalidade pela Escola Paulista de Medicina da Universidade Federal de São Paulo (EPM/Unifesp). Mestre em Psicologia Clínica (PUC-SP) e doutor em Psicologia Experimental pelo Instituto de Psicologia da Universidade de São Paulo (IPUSP).

Débora Gaino Albiero – Psicóloga graduada pela Universidade de São Paulo (USP). Psicanalista pelo Instituto Sedes Sapientiae. Fundadora do Núcleo Trajetos, atuando na temática da perinatalidade e da parentalidade. Coordena o trabalho com grupos de candidatos à adoção no Núcleo Acesso do Instituto Sedes Sapientiae. Atende em consultório particular e realiza grupos de estudos e supervisão.

Eurema Gallo de Moraes – Psicanalista, membro do Departamento de Psicanálise do Instituto Sedes Sapientiae, doutora em Psicanálise e Psicopatologia pela Université Paris VII e em Psicologia Clínica pela Universidade de São Paulo (USP). Pesquisadora do grupo Psicanálise Experimental (USP).

Izabel de Madureira Marques – Doutora (com bolsa, em parte do curso, do Conselho Nacional de Desenvolvimento Científico e Tecnológico – CNPq) e mestre em Psicologia Clínica pela Pontifícia Universidade Católica de São Paulo (PUC-SP). Psicóloga pela Universidade de São Paulo (USP) e *máster em Comunicación y Educación* pela Universidade Autônoma de Barcelona (UAB- Espanha). Autora da primeira tese brasileira sobre o psicanalista Ernest Jones.

Jô Gondar – Membro efetivo do Círculo Psicanalítico do Rio de Janeiro. Doutora em Psicologia Clínica. Professora titular da Universidade Federal do Estado do Rio de Janeiro (UNIRIO). Vice-presidente do Grupo Brasileiro de Pesquisas Sándor Ferenczi (GBPSF). Membro do Comitê Executivo da International Sándor Ferenczi Network.

José Henrique Parra Palumbo – Professor do Departamento de Psicologia da Universidade Estadual de Maringá (UEM). Psicólogo e doutor em Psicologia pela Universidade de São Paulo (USP), Master pela Université Paris VII.

Lucas Simões Sessa – Psicólogo pela Pontifícia Universidade Católica de São Paulo (PUC-SP), psicanalista pelo Departamento de Psicanálise do Instituto Sedes Sapientiae. Há mais de 5 anos, participa semanalmente de grupos de estudos de teoria e clínica lacanianas. Desde 2011, atende em consultório particular a crianças, adolescentes, adultos e casais.

Lucianne Sant'Anna de Menezes – Psicóloga e psicanalista. Mestre e doutora pelo Instituto de Psicologia da Universidade de São Paulo (IP USP). Docente do Instituto de Psicologia da Universidade Federal de Uberlândia (UFU). Professora no Programa de Pós-Graduação em Saúde Ambiental e Saúde do Trabalhador (IG-UFU). Membro efetivo do Departamento de Formação em Psicanálise do Instituto Sedes Sapientiae.

Maíra Humberto Peixeiro - Psicanalista, mestre em Pesquisa na École Doctorale de Psychanalyse da Université Paris VII.Coordenadora e supervisora da Tempo - Clínica e Cuidado no Envelhecimento, membro da equipe do Projetos Terapêuticos. Autora de artigos e docente em em cursos de psicanálise e acompanhamento terapêutico.

Marcus Vinicius Neto Silva - Psicanalista, mestre e doutor em Estudos Psicanalíticos pela Universidade Federal de Minas Gerais (UFMG), membro do coletivo Travessias - Percursos em Psicanálise, filiado à Unidade Popular pelo Socialismo. Autor do estudo "A construção da pulsão de morte freudiana: um estudo histórico da formação do conceito a partir de suas fontes".

Maria Lucia Macari - Psicóloga e psicanalista. Doutoranda em Psicologia Social e Institucional pela Universidade Federal do Rio Grande do Sul (UFRGS), mestra em Psicanálise: Clínica e Cultura (UFRGS) e graduada em Psicologia pela Universidade Federal de Santa Maria (UFSM).

Maria Teresa de Melo Carvalho - Psicóloga pela Universidade Federal de Minas Gerais (UFMG). Especialista em psicologia clínica (título concedido pelo Conselho Regional de Psicologia - 4ª região--MG). Doutora em Psicanálise pela Université Paris VII. Professora aposentada do Departamento de Psicologia da UFMG.

Marianna Tamborindeguy de Oliveira - Psicanalista, especialista em clínica psicanalítica pelo Instituto de Psiquiatria da Universidade Federal do Rio de Janeiro (IPUB/UFRJ) mestre em Psicologia Clínica pela Pontifícia Universidade Católica do Rio de Janeiro (PUC-Rio).

Marina Bialer – Psicanalista, membro do Departamento de Psicanálise do Instituto Sedes Sapientiae, doutora em Psicanálise e Psicopatologia pela Université Paris VII e em Psicologia Clínica pela Universidade de São Paulo (USP). Pesquisadora do grupo Psicanálise Experimental (USP).

Martina Dall'Igna de Oliveira – Psicanalista, membro efetivo da Sigmund Freud Associação Psicanalítica, mestre em Psicanálise: Clínica e Cultura pela Universidade Federal do Rio Grande do Sul (UFRGS), graduada em Psicologia pela Pontifícia Universidade Católica do Rio Grande do Sul (PUC-RS).

Monah Winograd – Psicanalista, doutora em Teoria Psicanalítica pela Universidade Federal do Rio de Janeiro (UFRJ), professora do Programa de Pós-Graduação em Psicologia Clínica da Pontifícia Universidade Católica do Rio de Janeiro (PUC-Rio), coordenadora do Laboratório de Pesquisas Avançadas em Psicanálise e Subjetividade e do Laboratório de Humanidades Digitais e pesquisadora da Cátedra Sérgio Vieira De Mello da PUC-Rio.

Mônica Medeiros Kother Macedo – Psicanalista e psicóloga. Doutora em Psicologia pela Pontifícia Universidade Católica do Rio Grande do Sul (PUCRS). Bolsista de Produtividade em Pesquisa (PQ) do Conselho Nacional de Desenvolvimento Científico e Tecnológico (CNPq) – Nível 1D. Professora do Programa de Pós-Graduação em Psicanálise: Clínica e Cultura da Universidade Federal do Rio Grande do Sul (UFRGS).

Natália Alves Barbieri – Psicanalista, mestre e doutora em Ciências pela Escola Paulista de Medicina da Universidade Federal de São Paulo (EPM/Unifesp). Coordenadora e supervisora da Tempo – Clínica e Cuidado no Envelhecimento e do apoio psicológico da Escola da Cidade. Autora de artigos e docente em cursos de psicanálise e acompanhamento terapêutico.

Paula Regina Peron – Psicóloga e psicanalista. Doutora em Psicologia Clínica pela Pontifícia Universidade Católica de São Paulo (PUC-SP) e professora doutora do curso de Psicologia da PUC-SP. Membro do Departamento de Psicanálise do Instituto Sedes Sapientiae e do Grupo Brasileiro de Pesquisas Sándor Ferenczi (GBPSF).

Paulo José Carvalho da Silva – Psicanalista e doutor em Psicologia pela Universidade de São Paulo (USP), em colaboração com a Universidade de Roma e a Escola de Altos Estudos em Ciências Sociais de Paris, na qual já atuou como professor convidado. Professor do curso de Psicologia da Pontifícia Universidade Católica de São Paulo (PUC-SP).

Ruth Gelehrter da Costa Lopes – Psicóloga, mestre em Psicologia Social pela Pontifícia Universidade Católica de São Paulo (PUC-SP) e doutora em Saúde Pública pela Universidade de São Paulo (USP). Professora do curso de Psicologia, supervisora da Clínica Psicológica "Ana Maria Poppovic" e líder do Núcleo de Estudo e Pesquisa do Envelhecimento na PUC-SP. Membro da Rede Interdisciplinar de Psicogerontología.

Sarug Dagir Ribeiro – Doutora em Psicologia pela Universidade Federal de Minas Gerais (UFMG) e mestre em Letras pelo programa Letras: Estudos Literários (Pós-Lit) da UFMG. Psicóloga clínica e psicanalista. Professora adjunta do curso de Psicologia da Universidade Federal do Tocantins (UFT).

Thaís Becker de Campos – Psicanalista. Doutora em Psicologia Clínica pela Pontifícia Universidade Católica do Rio de Janeiro (PUC-Rio), mestra e graduada em Psicologia pela Universidade Estadual de Maringá (UEM).

Thiago Pereira Majolo – Psicanalista, mestre em História Social e membro do Departamento de Psicanálise do Instituto Sedes Sapientiae e da comissão de debates da *Revista Percurso*. Integrante da

Rede de Psicanalistas Atenta(os) às Relações Raciais, pelo Instituto AMMA – Psique e Negritude.

Viviana Carola Velasco Martinez – Professora doutora do curso de Psicologia e do Programa de Pós-graduação em Psicologia – linha Psicanálise e Civilização – da Universidade Estadual de Maringá (UEM). Coordenadora do Laboratório de Estudos e Pesquisa em Psicanálise e Civilização.

Wilson de Albuquerque Cavalcanti Franco – Psicólogo e psicanalista, mestre e doutor em Psicologia pela Universidade de São Paulo (USP) e professor na Fundação Escola de Sociologia e Política de São Paulo (FESP-SP). Autor do livro: *Os lugares da psicanálise na clínica e na cultura* (Blucher, 2021).